梁偉強　劉銳業　著

身後事

香港
殯葬文化

探尋

目錄

推薦序

一

　　沉默的逝者，在訴說一段段精彩豐富的故事。近年來，社會大眾對死亡的討論明顯比過往開放，但卻普遍集中在醫療、心理和宗教等範疇。其實生死教育還有非常重要的一面，就是將一個城市和當中居民的根源重新發掘出來。自古以來，墳場一直吸引著無數研究文化和歷史的人士，用一生的時間投入當中，因為墳場就像一個超大型時間囊，將先人的生活和記憶，終結在埋葬的那一刻。

　　本書集中探討香港的死亡文化和不同死亡場所的歷史，目的是將這些已被忽略，但卻非常重要的故事重新發掘出來。逝者縱然已化為一堆堆沉默的白骨或灰燼，但他們的精彩故事卻仍然能夠流傳下來。如果讀者希望更深入認識這個城市，本書應該會令你滿載而歸。

梁梓敦

香港生死學協會會長

二

人的一生，相傳會經過四個階段，生、老、病、死。不幸的人，經生遇病歷死。幸運的人，經生變老歷死。及後，不同的信仰，彷彿化身為一張入場券，引領著亡者前往那片未知「樂土」。本書名為「身後事」，泛指人離世後要處理的一連串事情，喪禮、下葬、立碑、處理遺物等。於我看來，這一系列的「身後事」，雖然主角是逝者，但在世的人在處理過程中所承受的傷痛，更為煎熬。

作為一名環境學理科生及可持續發展管治碩士生，從理學及可持續發展角度出發，死亡亦等同開始，離不開一種有機物在大自然中進行分解，不同細菌或動物開始侵蝕屍體，開啟一場腐化之旅，同時成為食物鏈底層的一員。而屍體分解時所釋出的礦物質，亦會讓該地區的土壤變得肥沃，豐富整個生態系統，大自然永續，生生不息。

然而，當親人離世正正發生在自己眼前，身為理科生的我也不曾理性思考過。回憶起從殮房認屍、認領遺體，到出殯，親自按下那個送他前往火化的按鈕，過程仍歷歷在目。轉眼四個年頭，他的聲線一直言猶在耳，彷彿那聲再見道別仍停留在昨天。他信仰道教，在其離開後，我參與了家人為他準備的「破地獄」儀式，在頭七時早早躺在床上，靜侯他回家。我亦曾天真的上網搜尋「人死後會到哪裏去？」，希望得知屬於他的那廿一克靈魂最後的歸宿。

面對死亡的未知，外界眾說紛紜，而常規課程亦缺乏相關生死教育課題。本書正正給予大家一個機會，用第一身視覺揭開那片神秘面紗，了解更多香港處理殯葬物流的實際情況，更會窺探亡者安息的「家」—— 其實墳場，並沒有大家想像中那麼可怕。

傳統的喪葬方式，在日新月異的技術下竟然可以走往嶄新的發展，更加入了可持續發展元素，令死亡可以轉化成一份「無私的愛」，滋養萬物回饋大自然，亦為至親留下最後一份禮物。

我們無法得知自己或至親會否在下一秒死亡，這句看似悲觀的句子卻時時提醒著我們要珍惜。死亡不是終結，只要他仍活在生者的記憶裏，那他仍是生存的，只是換了一個形式與你同在。

現在，誠邀大家一同在本書中遊歷，請大家懷著一個期待的心，開展這場死亡之旅，了解亡者的世界吧！

梁桁僖

永續研究室 Sustainable Lab HK 創辦人及董事

自序

一

作家白先勇有一篇著名小說〈玉卿嫂〉，內容主要講述民初封建時代的男女愛情故事，在我的青年時期，這故事對我有非常大的啟示。

上世紀 80 年代，我有一位很要好的女朋友，已經去到談婚論嫁的階段。一年夏天，我倆相約在彌敦道普慶戲院觀看電影《玉卿嫂》，卻遲遲未見伊人。電影開場，她終於到了。她開口說：「我今天來向你道別，你可以自己看戲，但我已經約了朋友了。」我當時來不及反應，很傻地進入了戲院，看完了整套電影，最後獨自回家。那日之後的一段日子，我們繼續爭吵，各自埋怨、憤怒和自責，發生了一連串的事情，我非常清晰記得她的一句說話：「如果今天我們結婚，你有能力嗎？」這些極其尖酸刻薄的說話，令我決意放棄這段感情，再沒有半點留戀。當年，我和當小販的父親住在一個約一百平方呎的天台單位，我正是所謂的「五無人士」：無樣貌、無身材、無學歷、無財富、無背景。今天回想起來，她當日的決定非常合理和明智。

與爸爸在斗室中相依為命，他眼見我因感情問題而低落，擔心我會一時想不通，不顧自己捉襟見肘的生活，休假兩星期陪伴我，因為我是家中唯一男丁。爸爸個子不高，因戰亂從未入學

受教育，生不逢時；但品性馴良、勤勞，從來不會欺負別人，好不容易才靠做小販養起一個家。爸爸一直以來不太懂表達自己的情感，只憑一句說話走完他的一生：肯捱肯做便會有出頭天。

二十多年後，醫生診斷爸爸患第四期肺癌。每次去探望他的時候，都覺得那可能是最後一次；如是者過了幾個月，那份關愛就變得疏忽了。一個早上，我到醫院探望爸爸，沒說兩句便以上班為借口匆匆離開。他虛弱地做了一個手勢，希望我不要離開，但我沒有理會。深夜兩點半，我收到醫院的緊急電話。趕到爸爸病床前，他已經沒有任何知覺，亦不能再跟我說話了。當刻，我非常後悔，後悔早上沒有回到他身邊，聆聽他的心聲，那聲再見竟是他跟我說的最後一句，一切都已經不可挽回。今天藉這本書的出版，用這篇文字紀念我慈祥的父親，願我今天的成績，不負你養育之恩。

梁偉強

二

2023 年，我在三聯書店出版了《方生方死：被遺忘的專業》。這書一出版，獲得了社會各界、傳媒、殯儀業及教育工作者的注意。我發覺社會上不同背景的人士都漸漸地對「死亡」持開放態度，不少人已為自己的死亡作生前準備，積極思考死後的世界又是怎樣。本書注入多元的素材、熱門社會議題及真實個案，為研究人員、學生及殯儀業界帶來寶貴的知識及有價值的經驗。在編寫本書的過程中，我發現了一些生前被社會忽略的人士，死後只能寂寂無名地長埋黃土中；亦有一些人突然撒手塵寰，留下的只有遺憾。本書正好給予在世者一些啟示，活在當下，珍惜眼前人，關心身邊有需要的人。最後，我再次感謝香港理工大學專業及持續教育學院、東華三院、教區天主教墳場委員會、香港佛教聯合會、毋忘愛、永恆之樹、梁梓敦先生、梁桁僖女士、陳寶鋒先生、鄺汝澍先生、歐陽嘉傑醫生，我的妻子、家人、朋友、同事、學生對本書出版的無限支持及協助。

劉銳業

前言

　　人死後，大概都渴望有後人為其處理身後事。身後事之重要性，就體現在社會的殯葬習俗及觀念上。中國傳統喪葬禮俗的基調是儒家精神，「死葬之以禮，祭之以禮」，持續了數千年的喪葬傳統，仍有不少流傳於世。例如壽終正寢、落葉歸根等，仍然影響著不少香港人概念中的「身後事」。

　　在香港這個彈丸之地，一個華洋雜處的社會，居住著信仰、背景、種族各異的人，不同背景、不同年代的逝者，有著不同的「身後事」處理方法。有後輩子孫的，有望持續得到香火祭拜供奉；有孤苦無依的，靠著社會上的組織幫助他們處理喪葬事宜。這些種種有關人的後事，是本書的重點。

以 1841 年為起點

　　有人的地方就會有生、老、病、死。香港雖然是一個很小的地區，但卻是一個糅合中西文化、華洋雜處的社會。1841 年，鴉片戰爭期間，負責和談的英國駐華商務總監義律和滿清政府代表欽差大臣琦善私訂《穿鼻草約》，草約將香港島割讓與英國，成為英軍佔港依據。1841 年 1 月 26 日，英軍部隊登陸水坑口，正式佔領了香港，該日成為了香港開埠日。本書內容談論的有關香港殯葬文化的內容，亦以此日期為起點。

本書內容

本書分為三個部分。

第一部分主要討論現今香港殯葬行業的發展及實例個案。第一章「神秘專業：殯葬物流業」，是筆者在殯葬物流業工作多年的第一身實際經驗分享。一般談起物流，常人可能聯想到送貨、搬家，而本章則集中討論為逝者安排「空運遺體」。為避免重複前作《方生方死：被遺忘的專業》中的內容，本章節集中分享的遺體處理個案，都是屬於自殺或半自殺，一般被統稱為「非自然死亡」個案，當中的經驗分享均曾真實發生，有很高的參考價值。第二章「禁忌行業：香港殯儀業淺談」，講述了一些香港殯葬行業的軼聞。當中「引人入勝的殯儀業」一節由資深殯儀業從業員、死亡文化研究者鄺汝澍先生親自撰稿，為讀者講述更多這個禁忌行業的內部迷思。

第二部分主要探討香港不同宗教、文化的殯葬習俗，以及社會組織的殯葬功能。第三章「入土為安：墳場」介紹了不少鮮為人知的墳場歷史，增加讀者對香港墳場歷史的認識；同時提及了一些特色墳場，當中包括：聖彌額爾墳場、香港佛教墳場、沙嶺公墓等。第四章「安身之所：廟宇」，介紹了香港具有殯葬功能的廟宇，在以往華人社會中發揮的作用。第五章「存留百年：東華義莊」，以東華義莊為主角，探討華人對於「落葉歸根」這個價值觀的重視。筆者過去幾年曾跟東華義莊有個案上的合作，以及在學術探討上的交流，所以在這方面可謂算是實踐加理

論並行。而第六章「捨舟登岸：漁民及漁村殯葬考察」，則以長洲為一地區案例，對香港漁民喪葬的特點及發展作出探討。

第三部分為第七章「從死看生：生死教育議題探討」，涉及有關死亡文化和社會對死亡的觀點，主要探討一系列香港社會熱門的生死教育議題。特別鳴謝公立醫院退休醫生、天主教教會倫理顧問歐陽嘉傑醫生親自撰寫有關「安樂死」的文章，這是一個在社會極富爭議的死亡觀點議題，極具反思意味。此外，本章亦獲得社會組織「毋忘愛」和「永恆之樹」、香港金工工作坊 Playback Concept 創辦人陳寶鋒先生，以及香港生死學協會現任會長梁梓敦先生，提供有關生死教育及值得關注的寶貴議題，有助人們更好地準備面對死亡和悲傷。

位於西環公眾殮房對面的東華痘局紀念碑

無需禁忌

香港社會仍然有不少人視死亡為一禁忌議題,講求風水,害怕墳墓、火葬場、殯儀館。但是筆者希望以一輕鬆的話題,告知讀者:死亡絕對不應禁忌。

香港畢竟已經開埠超過 180 年。據筆者一位歷史系講師朋友的非正式考證,現今存在和不存在的墓地基本上覆蓋了整個香港每一個區域,就以九龍一號墳場至七號墳場為例,如果你住在九龍,可能曾有墳場在你所住的地方附近:

- 九龍一號墳場:現今聯合道香港基督教聯合會墳場。
- 九龍二號墳場:現今慈雲山墳場,斧山道至坪石邨一帶。
- 九龍三號墳場:現今長沙灣天主教墳場附近。
- 九龍四號墳場:現今橫頭磡、打鼓嶺、石鼓壟村一帶。
- 九龍五號墳場:資料不太齊全,約在何文田一帶。
- 九龍六號墳場:現今的石硤尾公園、白田村附近。
- 九龍七號墳場:牛頭角佐敦谷水塘至秀茂坪(掃墓坪)。

死亡並不是可怕的結束,而是生命重要的組成部分;直面死亡,是人必經歷的事。希望本書可以給各位讀者一個了解香港殯葬文化及解答迷思的入門。

早期華人對死亡甚為禁忌,今日香港人被迫面對現實,因土地問題,高樓住宅大廈就在大型墳場的正前方亦無奈接受。

第一章

神秘專業：殯葬物流業

1.1 殯葬物流空運出入口處理

　　根據食物環境衛生署 2024 年 3 月 15 日網站資料顯示，在香港從事殯葬業的持牌殯葬商有 136 個，當中包括可以直接處理遺體、儲存及展示棺木、提供遺體冷藏服務的殯儀館（俗稱 A 牌）；不可以直接處理遺體，但可以展示棺木及儲存骨灰供奉服務的殯儀公司（俗稱 B 牌）；以及不能展示棺木及不得在持牌處所內存放骨灰的殯儀公司（俗稱 C 牌）。

　　網站顯示，香港貨運物流業協會有限公司（HAFFA）會員則有 323 個，主要從事物流空運業及其相關業務，包括提供航空貨運、特別種類貨運運送（例如危險品、課稅物品、受管制藥物）、倉儲、包裝、派送、更換貨物標籤、逆向物流、盤點、配置物流以及電商物等物流服務。但同一時間提供殯葬業服務和特

一副準備空運出口的棺木，
已經用木箱和鐵箱包裝好。

別種類貨物運送的航空貨運業公司則鳳毛麟角。筆者（梁偉強）從事這項跨界別殯葬物流服務二十多年，在本書所分享的全部都是實際工作經驗，集合了在殯儀業和空運物流業中較鮮為人知的專業服務。

殯葬物流是什麼？

殯葬物流有三部分。第一部分「殯」，包括有宗教背景和沒有宗教的儀式，例如打齋、誦經等；第二部分「流」，即運輸物流、資訊流及資金流；第三部分「葬」，包括安葬事宜，如墓地、墓穴、墓碑、骨灰龕、靈位乃至風水。

第一部分「殯」，包含殯儀一大堆不同儀式中所需要的物資，如棺木、靈車、壽衣、紙紮、先人相片、香燭、供奉品、鮮花、蓋棺壽被、名牌、吉儀等。殯儀中所需要提供的服務包括認領遺體、淨身、化妝、穿衣（不同宗教要求穿不同的壽衣）等。

第二部分「流」，物流不單只提供運輸服務，還包括採購及供應。物流在殯葬物流的範疇內，包括陸路運輸及航空貨運兩部分，即以靈車運送遺體，或以空運運送遺體至另一個國家／地區。採購及供應是指採購棺木，在哪裏採購棺木是重點，個別宗教有特別不同的要求，例如回教有專用的棺木。除了棺木以外，還有在第一部分（殯）提及的物資供應及採購。另外，資訊

的流通在殯葬物流服務中極其重要，例如對於客人及各工作上的持份者如航空公司、殯儀館、領事館、靈車和土工等，都必須保持聯絡，有高度透明的資訊流通。

第三部分「葬」，則包括安葬吉日選擇，不同種類的墓地、墓穴、墓碑、骨灰龕、靈位選擇，乃至風水安排。

本書的第一章就集中討論第二部分，即物流部分。以上其餘各點在此不作詳細討論，否則單單這個題目已經可以結集成一本書。

殯葬物流處理實例

曾有朋友問過筆者，殯葬物流是否即指駕駛靈車？其實這是一個非常大的誤解。這裏指的殯葬物流是指空運遺體、空運骨殖和空運骨灰服務，服務範圍只涵蓋涉及香港以外地區的出口和入口運輸部分，並不包括在香港本地運送遺體的服務（即殮房至殯儀館或其他相關地方的本地靈車服務）。

舉一個簡單的例子，曾收到客人致電查詢，其兒子在泰國芭堤雅進行潛水運動時不幸遇溺死去。他非常焦急和困惑，一時六神無主，根本不知道有什麼途徑可以將兒子的遺體運回香港，以及如何處理在泰國的喪禮；而這正正就是筆者提供的殯葬

物流專業服務。

　　除了遺體入口空運業務，出口空運亦是我們的專業。另舉一個例子，有僱主表示其外傭在洗澡期間不慎跌倒，後腦著地意外身故，間接令其住宅變成凶宅。僱主非常徬徨志忑，根據外傭合約，僱主需要負責及安排其遺體回國，不單要考慮如何將死者遺體送回家鄉，又要立即處理死者遺物，找一個倉庫臨時放置物件，以騰空地方；後續還要面臨尋找及聘請新工人、簽約等一大堆突如其來的煩惱。外傭的遺體，到底是運送到首都馬尼拉機場，抑或要運送到死者家鄉？這一連串的問題，都是殯葬物流服務提供者的日常基本工作。

　　筆者已在前作《方生方死：被遺忘的專業》中，分享過幾個自然死亡空運出口個案。為了避免內容重複，這次會集中討論非自然死亡個案，如自殺和半自殺個案（極限運動導致意外）。

此為真實處理的空運遺體棺木。圖片並沒有經過任何修改，目的在於將真實呈現。

1.2 從數據中探索「自殺」

　　第一章集中分享的遺體處理個案，都是屬於自殺或半自殺個案，一般被統稱為「非自然死亡」個案，在討論這些個案之前，筆者認為有責任提醒讀者自殺行為的成本和後果。處理自殺個案時的所見所聞，不禁令筆者對人們的選擇感到唏噓，只不過是一剎那的不愉快，卻可能造成不可挽回的後果。

　　自殺是一個沉重的議題，值得大眾關注。很多時，自殺者其實不是一心想要尋死，只是一時想不開而已。可惜人死不能復生，這是一條不歸路。以下先列舉一些香港自殺死亡個案的統計數字，我們可從這些資料發掘出自殺行為的原因，並有助我們留意身邊人的自殺傾向，及早預防。筆者並非心理學家，亦非社會工作者，所有數字和內容所述都源自專家或政府公開資料。坊間心理學、社會工作等專業人士有關自殺行為的專題訪問俯拾即是，此處沒有班門弄斧的意思，只想從數據中讓大家關注自殺這個社會議題。

逾八成自殺死者患精神病

　　香港大學賽馬會防止自殺研究中心在 2006 年發表的「香港心理學解剖分析」，收集了 150 宗自殺個案，據死者的家屬及朋

友描述分析，發現當中至少 80% 自殺者曾經出現精神疾病的症狀，輕則長期失眠，重則有情緒病、思覺失調及焦慮症，但當中超過一半自殺者生前從無接受過任何形式的精神、心理輔導及治療，這包括不論由政府主動提供的社區心理健康協助，或病人主動約見精神科醫生，可以想像社區中嚴重缺乏防止自殺的危機意識。香港精神科醫生陳友凱醫生認為，政府需要加強本港的精神診治服務，才可減低自殺率，尤其公立醫院人手不足，病人求醫需排期至少幾個月，才獲轉介接受專業精神治療，情況並不理想。他又引述 2013 年發表的「香港精神健康調查」（HKMMS），青年患上精神病的比率與成人均約為 12%，但只有 6% 的年青病患者曾接受精神科治療，較成人少一半。

在日常一般市民接觸到的媒體中，過分煽情、渲染的自殺報道會容易令人模仿，尤其是缺乏社會經驗的年青人。陳友凱醫生建議，政府可以參考澳洲及新加坡，在社區層面加強青年精神診治服務，由已受訓的社區中心職員與青年溝通期間，自然地為他們作初步精神評估，再將有需要的個案直接轉介駐場精神科醫生。葵涌醫院精神科顧問鄧振鵬醫生呼籲，家長若發現子女有精神壓力，切勿抱持一種「我都經歷過啦，點解你（子女）唔得」的態度，應有耐性地與子女溝通，密切留意他們有無持續情緒低落，或出現精神病病徵。

香港大學香港賽馬會防止自殺研究中心根據死因裁判法庭提供的數據，估測了 2022 年香港的自殺率為 14.5，較 2021 年

的 12.3 增加 17.9%。為了有效比較不同國家或地區的自殺率，世界衛生組織建議把自殺率標準化，按全球人口年齡結構進行調整。因為香港人口老化較其他地區嚴重，所以自殺率經調整後，2022 年的標準化自殺率估測為 10.6，略高於 2019 年國際水平的 9.0。

青少年自殺率高企及有上升趨勢

近年，青少年自殺事件引起各界關注。2021 年 15 歲以下人士的自殺率上升至歷史新高的 1.7。其中，15 歲以下男性的自殺率增幅為最高（從 2020 年的 1.2 上升一倍至 2021 年的 2.4），15 歲以下女性的自殺率則較 2020 年有稍微下降（2020 年為 1.2；2021 年為 1.0）。而 15 至 24 歲整體青少年的自殺率則為 9.3，對比 2020 年的 8.6 為高，並稍為上升至 2018 年 9.6 的相約水平。然而，值得留意的是此年齡組群的女性自殺率有逐年遞增的趨勢，從 2019 年的 4.4 上升至 2020 年的 6.0，而 2021 年更達至 6.5；男性亦從 2020 年的 11.2 上升至 2021 年的 12.0。

高齡人士自殺率

隨著香港人口老化，由 1997 至 2021 年估測的數字顯示，男性自殺率如過往十多年一樣，持續較女性自殺率高出約一倍（男

性：16.8；女性：8.5）。2021 年的男性估測自殺率對比 2020 年的 16.2 略為上升，女性的自殺率對比 2020 年的 8.7 則稍微下降。整體高齡人士的自殺率一直較其他年齡組別為高，當中 60 歲或以上男性的自殺率較 2020 年的 24.3 大幅上升至 2021 年的 27.3。而 2021 年 60 歲或以上女性的自殺率是 14.6，相比 2020 年的 14.9 稍微下降。

　　預防自殺已成為香港、甚至全球關注的公共衛生議題。在筆者執筆之際，政府剛推出情緒困擾熱線「情緒通 18111」，支援受精神健康困擾的人士，「18」代表「覆蓋全港 18 區」，「111」則代表「一有需要，一條熱線，提供一站式支援」。情緒健康不單是香港的醫療問題，同時亦是社會問題，18111 熱線由政府全資提供服務，整合以往社區上不同組織提供的二十多條熱線，以達至一站式服務。

1.3 燒炭

長洲東堤小築燒炭命案頻生

　　1997 年亞洲金融風暴，世界經濟動盪，香港首當其衝陷入經濟衰退，公司相繼倒閉或裁員，以致出現不少社會問題，包括：工人失業、公司倒閉、樓宇斷供、欠債、銀行迫倉等等，不少人一時難以適應，該段時間香港自殺數字急升；再加上傳媒對自殺的報道篇幅大量增加，渲染之下，使「燒炭自殺」在短短兩個月內急升至全香港自殺死因的第三位，從 1998 年佔自殺人口的 1.7% 上升至 1999 年的 10.1%。

　　到了 2001 年，燒炭自殺更超越了上吊，成為自殺排行榜的第二位。香港《明報》2003 年 3 月 4 日報道，根據香港中文大學及香港大學一項聯合研究顯示，2000 年香港至少有 150 人死於燒炭自殺，佔全港總自殺死亡人數 17%；至 2001 年，燒炭自殺個案甚至超越了上吊個案，成為香港除了跳樓以外最普遍的自殺方式，佔了自殺個案四分之一。自殺人士為避免自住單位變成凶宅，連累家人，部分人選擇到離島度假屋自殺，長洲東堤小築曾經是燒炭熱點，使東堤小築度假屋業主及經營者非常頭痛。有報道更表示，部分經營者見客人入住前毫無笑容，會寧願退回租金都不願意出租度假屋。

燒炭缺氧致死

燒炭是一種自殺的方法，自殺者將自己困在密閉空間內燃燒木炭，燃燒木炭過程中會消耗密室內的氧氣，接著，碳和氧便會結合成一氧化碳。一氧化碳能與血液內的血紅蛋白緊密結合，使之失去氣體交換能力，自殺者最終因一氧化碳中毒而死。

坊間曾誤傳以燒炭的方式自殺，能讓自殺者以較美麗的容貌離世；但事實上，由於燒炭自殺的直接死因是一氧化碳中毒，在人體缺氧的狀態下，自殺者遺體會加快腐化，短時間內便會形成顯著膨脹的程度。筆者曾處理過不少燒炭自殺個案的遺體，其中一個個案令筆者印象深刻：死者是一名外地傭工，因僱主提供獨立房間給外傭，傭工在燒炭自殺過程中引起了火警，死者身體多處（包括面部）皮膚被燒裂，遺體有燒焦、流出液體及皮膚呈現粉紅色等情況，甚至因水腫擠壓而失去眼球，死狀極為恐怖。

通常，選擇跳樓或自殘行為自殺要克服非常巨大的心理挑戰。筆者曾處理過一名外籍人士用鎅刀在頸大動脈的自殘個案，最終因失血過多而逝世，這類的自殘個案，即使存活，餘生大都要在四肢不能動彈的情況下度過，所以若非有必死的決心，絕不會選擇此種極為恐怖的自殺途徑。相反，在香港便利店或超級市場都可隨便購得燒烤用木炭，燒炭相對其他自殺方式亦比較少痛楚。燒炭最大阻礙通常是場地。若果自殺者選擇於酒店

房間燒炭自殺，由於一般酒店房間都有消防感應器，非常容易被察覺。

另外，燒炭自殺者大多數都會在自殺前服用大量安眠藥或飲用大量酒精飲料，意圖減輕死亡過程的不適、痛楚，降低自救能力。再者，使用無煙木炭自殺方式亦會減低被別人發現的機會。為遏止燒炭自殺的風氣，有立法會議員曾經一度動議把郊野公園的燒烤爐改裝成電爐，以減少木炭在市面上的流通，最終事情不了了之。過往香港其實有不少自殺個案透過開煤氣大量吸入一氧化碳自殺，但自從報章報道了多則開煤氣自殺而引發嚴重火災及氣體爆炸事件後，使公眾認為開煤氣自殺是極其自私和不負責任的做法，連累家人、鄰居；政府亦教育市民如何分辨氣體洩漏並作出舉報，從而令氣體（主要是煤氣）自殺個案減少。及後有燒烤木炭生產商及超級市場員工在炭包包裝上貼上「珍惜生命」字句，亦有非牟利組織在燒烤用的炭包上貼上防止自殺的求助熱線電話。有人以此為笑柄，但其背後涵義就極為悲哀。

一位現職法醫的朋友在非正式訪問中透露，燒炭自殺的屍體的最大特色，便是遺體呈粉紅色（Cherry Pink），由於碳氧血紅蛋白呈櫻桃紅色，故一氧化碳中毒而死的人士皮膚均會呈現這種顏色。不過，並非所有一氧化碳中毒屍體都會呈現粉紅色，

屍體由靈車送往殯儀館

只有死者吸入一氧化碳飽和濃度高於 30% 才會出現較明顯的粉紅色。一氧化碳比起氧氣更容易和血紅蛋白結合，所以其病理死因通稱「死於吸入有毒氣體」，或者可以直接界定為死於窒息。但若死者本身是貧血或大量失血，從遺體外觀上不容易看出粉紅色。

燒炭自殺其實非常痛苦

千萬不要以為燒炭自殺真的可以避免痛楚，其實身體痛楚在於身體缺氧期間，自殺者會感到呼吸困難、氣促，卻又無力掙扎，情況就像在水中遇溺般辛苦。如果使用不合適的木炭，可能會感到劇烈的頭痛、昏眩、嗆傷、耳鳴及痙攣。在一氧化碳中毒過程中，腦部將感受到強烈的劇痛，且全身無力，連掙扎的能力都沒有，並有可能引發火災，殃及鄰里。另外，亦有自殺失敗者需要送入加護病房 ICU，事後證實燒炭自殺會對腦部造成無可挽救之永久傷害，不但不能行動，連上廁所、飲食等都要護理人員照顧，後果非常嚴重，不單令自己身體及精神承受極大的痛楚和壓力，更可能令家人、至親、朋友及至社會醫療負上沉重的負擔。報章上曾報道過一個非常悲慘的個案，有母親趁子女睡覺時把燃燒中的炭放到子女房間一同自殺。但母親因劇烈痛楚奪門而出，可惜其幼子已經吸入過量一氧化碳中毒而死亡，該母親除了要承受自己腦部局部永久傷殘，還換來因誤殺罪成被判 15 年的刑期。

萬一遇上燒炭自殺個案，身邊人士可以作出即時處理方法，以防止情況惡化：立即將自殺者移離中毒現場，搬至空氣流通的空間進行搶救，並迅速送院救治，最好在送院途中給予100% 氧氣。由於一氧化碳與血紅素或肌紅蛋白的親和力為氧氣的 200 倍以上，一氧化碳會搶先與血紅素結合而形成一氧化碳血紅素，因而造成人體組織的缺氧狀態。若患者在中毒後曾出現昏迷或持續昏迷、有明顯的神經異常、有心血管病症、或母親正在懷孕而胎兒出現窘迫症狀等，則有必要接受高壓氧艙、降低顱內壓等綜合治療，才可望能恢復正常。

自殺不遂的嚴重後遺症

　　有部分一氧化碳中毒的患者在神志恢復正常並經歷一段假性恢復期後（約兩天到兩個月左右後），會出現遲發性神經病變，臨床上產生一系列精神及神經症狀，如表情木訥、反應遲鈍、行為怪異、記憶力嚴重減退、四肢震顫、步態不穩、大小便失禁等。事實上，醫學界對於一氧化碳中毒遲發性神經病變的機轉迄今尚未完全明瞭。

葵涌火葬場

　　後記：2024 年 1 月 5 日，大埔有一名男子燒炭自殺，證實已當場死亡。據報死者是前電視主播柳俊江，正是筆者執筆撰書時。本來希望及時帶出自殺禍害的信息，可惜令人惋惜的事情卻一再發生，令人慨嘆！但在另一角度言，本書的出版希望能讓社會大眾反思自殺問題的嚴重性。

1.4 自縊

2022 年 3 月 30 日，赤柱監獄一名 59 歲男囚犯被發現在監倉內上吊自殺，送院搶救後證實不治。懲教署已將事件通知警方，死因裁判法庭亦將進行死因研訊。

在中國歷史上，比較著名的上吊自殺個案有明思宗朱由檢。明末，皇宮紫禁城被李自成攻破，明朝滅亡。朱由檢在絕望下自縊殉國，並下詔允許叛軍隨意撕裂其屍身，但不傷其百姓一人。自縊又稱自經，俗稱上吊或吊頸自殺，香港人更謔稱「掛臘鴨」去形容這自殺行為，指的是故意用在高處的繩索套住脖子，懸掛自己身體而自殺的方式，是一種普遍而死亡率較高的自殺方式。上吊所需要的工具不太複雜，而且容易找到；但在香港，要找一處不易被人發現的地方並不容易。上吊的自殺時間可能比較短，不似採用燒炭或藥物自殺等方式，需要以小時計算，使其「成功率」增加。試想想在脖子上套住繩子，踢掉腳下櫈子，懸在半空中時，你的感覺會是怎樣的呢？

上吊自殺極端痛苦

上吊自殺我們時有耳聞，但對當事人來說，這是一個非常痛苦的了結生命方式，若非十分絕望和被環境因素影響，普通人

根本不可能選擇以這個方式了結生命。根據筆者一位現職法醫的朋友透露，上吊自殺的第一階段，是頭腦發熱、耳鳴、眼前閃光，同時知覺模糊。失去知覺後，第二階段便是全身痙攣，手部不自主地作划水的動作，腳部作走路的動作，然後雙手雙腳的肌肉開始痙攣，之後又會全身挺直繼續痙攣，過程約一至兩分鐘，便會死亡。第三階段，已經是假死狀態，大小便和精液溢出、眼球凸起、呼吸停止。若果上吊後三到四分鐘內沒有施予救援，雖然心臟仍可能在跳動，但能存活的機會幾乎接近零。

死者為教徒，可惜一時想不通走上了不歸之路。

上吊自殺的主要死因是頸椎折斷而死，次要死因才是急性腦缺血（缺氧）死亡，所以不要以為上吊自殺只斷絕呼吸。腦缺血會讓人在 30 秒之內陷入暈厥，同時由於壓迫頸部導致迷走神經受阻，全身肢體乏力，也就喪失了自救的能力。急性腦缺血一分鐘之後，即使馬上送院搶救，亦可能造成永久、不可逆的腦損傷，如失憶、喪失語言功能和肢體協調功能、大小便失禁等的恐怖後遺症。

一位急症室專科醫生朋友表示：「可以想像一下人在遇溺時，不斷被海水嗆喉，無法呼吸，過程其實極度痛苦；上吊自殺造成的窒息效果與遇溺一樣難受、痛苦，絕無任何『舒服感覺』！」窒息缺氧必然對腦細胞造成無法逆轉的嚴重損害，令身體活動能力及其他感官功能受損，基本上無藥可救。即使獲救，自殺者亦要面對大量無法逆轉的後遺症，甚至變成植物人，對自己、家人造成沉重打擊，百害而無一利。他指，「自殺尋死，只是以消極態度逃避問題」，「與其有勇氣自殺，不如拿出勇氣尋找出路」，認為應嘗試用積極態度面對困難，尋求辦法。

死狀恐怖令至親至愛永留傷痕

上吊自殺的屍體由於喉嚨被卡住，面部會因瘀血而發紫，舌頭伸出，眼球凸起。不過，這情況不是死後一兩天便發生，通常是死後好幾天，眼球才會凸起，舌頭若碰到牙齒也不會伸

出的。由於供應頭部的血液很快被切斷，臉部一般都會出現瘀血。雖說看上去的形象不大好，但跟車禍、跳樓而死的屍體相比，可以說是比較體面的了。

在筆者曾經處理過的幾宗上吊自殺個案中，屍體由於喉嚨被朝上扼住，舌頭會伸出，面部充滿瘀血而發紫，眼球會凸起，出現不自主失禁的情況，死狀甚為恐怖。坊間有一說法，上吊自殺的男性死者會有射精情況，這個未能證實，因筆者從未不敬地特別注意男性屍體的下體情況，而且精液很快乾涸，不容易被發現。

另外有些個案，由於自殺人士通常會在比較僻靜的地方進行自殺行為，較難被即時發現。曾經有一宗個案，死者在自殺後約一個月才被發現，當時其屍身已經發臭，皮膚發黑，蛆蟲已經滿佈在眼孔、耳孔、鼻孔和口腔，食物環境衛生處執屍隊人員只好徒手用多重麻包將其包裹、固定空中，才解開繩索將屍體抬到公眾殮房，用超過一個屍袋包裹才放入殮房雪櫃中。到土工要處理其殯葬事宜時，屍體的眼睛及面部皮膚，已經差不多不能辨識。筆者亦曾經處理過一些跟一般屍體沒有大分別的自縊個案遺體，但其共通點一定是「面部瘀黑或瘀紅」，程度取決於屍體被發現的時間及環境因素。

對上吊自殺的誤解

世事無奇不有，荒謬的事經常發生。在東京，曾經有一名演員當著觀眾面前表演上吊，他在觀眾面前說了半句說話：「我快要跟人家道別，之後再見」，誰知就在那一瞬間，他便失去了知覺，離開了這個世界，這個表演可謂是一個死於無知的悲劇！

亦曾經有位法醫學者想體驗一下上吊的痛苦，把櫈子放在隨時可站立上去的位置，並請同事們在場觀看，雙腳剛離開櫈子，便突然失去知覺，幸運的是他馬上被身邊同事救回一命，這種荒謬體驗並不是單一例子。

英國一本精神病學雜誌於 2010 年的一項研究發現，臨終時試圖自殺的人普遍錯誤以為上吊自殺是一種無痛、快速、簡單和乾淨的方法。而在香港等華人地區中，可能因電影、電視情節的影響，人們普遍認為上吊自殺會令自殺者陰魂不散，將怨恨和憤怒留於世上，成為鬼魂。凡此種種的迷信、錯誤思維實在非一朝一夕能夠糾正。

1.5 跳樓

　　2003 年 4 月 1 日，亞洲演藝界頂級巨星張國榮在香港逝世，終年 46 歲。這突如其來的消息震撼整個華人社會。張國榮的死因成謎，外界不斷揣測，眾說紛紜。15 年後的 2018 年 8 月，香港歌手盧凱彤墜樓身亡，此消息亦轟動了香港社會，雖然其墜樓原因不明，但因盧凱彤曾患有躁鬱症，不排除自殺的可能性。對此，精神科醫生指出，若單純要探討自殺行為，必須以「尋死的強度」來看，而跳樓的致死性是很高的，這也代表著自殺者的死意很堅決。

　　筆者一位精神科醫生朋友表示，若要去探討社會案件中經常看到的跳樓自殺這個行為，其實跟個人性格無關，而是和尋死念頭的強度有關。例如，我們常聽到吞安眠藥自殺，大多當事者並不是想死，這算是一種「求助」的訊號；但如跳樓、上吊和開槍自轟等，都是致死性很高的，通常是當事者在當下處於非常強烈的絕望和尋死念頭中，才會做出這種行為。

香港都市自殺問題嚴重

　　根據研究表示，通常大都市的自殺問題比鄉鎮或偏遠地方嚴重，原因可能是都市的生活節奏比較快，即使人與人的距離較

近，但其實疏離感更大，反而在鄉鎮或偏遠地方人與人的關係更加密切，因為要共同對抗大自然的威脅，需要更多的互助。而在都市中，高樓大廈密佈，「跳樓」實在時有所聞。

由於本書主要集中討論殯葬事宜，而非主要討論心理學、社會學、倫理學、教育學等專業範圍，在此直接探討筆者處理眾多跳樓自殺個案的情況和個人感受。

處理跳樓個案的實際經驗

先回顧在殯葬物流職業生涯中第一次處理的一宗跳樓自殺個案。死者是一名 19 歲的少女，因為學業問題與家人爭吵，在與父母衝突過後，她從高樓一躍而下結束短暫的生命。在一個大雨如注的夏季早上，全香港交通幾乎癱瘓，到處都是車龍，好不容易才去到沙田，筆者清晰記得在富山殯房領取遺體時，在場所有工作人員都屏息靜氣，並預料到屍體移送到認屍室時死者家人的反應：其父母和長輩悔疚地時而飲泣，時而呼天搶地、嚎啕大哭；他們的身體語言表現出對世事極度的無奈和傷心，似在控訴現實世界的殘酷。

當土工同事打開屍袋時，只見屍體支離破碎，死者手腳扭曲變形，大腿骨從膝蓋直插體外，腦袋爆裂並有明顯深刻的裂痕。屍袋旁邊，有一透明膠袋，裏面裝著死者的腦漿。屍體前右

額只有一攤血水和凹陷的額骨。遺體的整張臉、眼窩都已經佈滿大隻的蛆蟲，眼球被蛆蟲蠶食，味道很重。筆者只能用「慘不忍睹」來形容當時那位少女的模樣。死者父母不斷在遺體面前說：「女兒，回來啊，我們不會再責備你了。」若果死者和父母其中一方用一個更好的方式處理當時的問題，可能就不會發生這樣的事了。

當然，筆者並非當事人，所以沒法理解他們家庭中三人各自所承受的壓力。反思現今世上有些人想盡辦法存活，就像不少戰爭地區的難民，面對家破人亡、嚴寒天氣、斷水斷糧、醫療藥物斷絕、每一分鐘都有被殺和死亡的可能等，仍然拚命生存；但不少自殺個案卻是輕易放棄生命，確實令人感慨萬千。

在宗教禮堂進行
葬禮儀式

非自然死亡個案處理程序複雜

另一宗令筆者非常難忘的個案發生於 2018 年。一個普通的工作日下午時分，在香港島一幢高樓大廈，一名商人從高處躍下，身體被一處水泥護欄橫腰分成兩截，其下半身墜到街上，狀甚恐怖。警方經調查後，排除他殺可能，懷疑死者因患惡疾萌生自殺之念。死者為 53 歲男子，從一幢商廈 14 至 15 樓間轉角位的平台躍下，身體跌落 2 樓時被水泥護欄橫腰分成兩截，上半身落在 2 樓平台，下半身落在街上。由於該名商人的家人已經移民北美洲，他的私人秘書四處奔走詢問其家人意願。其身處北美的家人由於事出突然，六神無主，未能決定是在北美土葬還是火葬。同一時間，有多個不同的殯葬商就同一宗個案向筆者公司查詢，每個版本都略有不同，而且其家人因著價錢、服務範圍、專業程度，及對本公司商譽的評估，拖延了整整一個星期，才決定委託我們公司處理。

接受委託之後，我們開始著手處理問題。首先，是跟警方聯絡，因為每一宗個案都有不同的情況，警方也有不同的處理手法，這是個很花時間的繁複程序。然後，向委託人索取文件，證明其與死者的關係，警方確認死者及委託人關係之後，才會跟筆者公司聯絡及容許我們領取遺體，這些口供錄取和相關文件往來，絕對不是一件輕鬆的事。其後，在公眾殮房安排下再次認屍，向死因庭申請出口文件、辦理文件、安排防腐處理等一連串手續都非常趕急。領取遺體當天，當殮房工人將遺體推出來

時，明顯看到屍體有大量血跡和屍水，由於屍體身體上下兩截已經完全分離，對屍體防腐師來說，是一個極大的考驗，例如如何注射防腐劑在四散的腸臟及四肢中。更重要的是，土工同事們如何替先人裝身，恐怕少一點經驗都做不到。

法醫如何分辨死者墮樓前是否已經死亡

筆者在跟法醫官朋友的交談中，發現了一些鮮為人知的判斷死因技巧。如何分辨一個人是因跳樓自殺，還是在跳樓之前已經死亡而被拋出樓外造成假自殺現象？這頗為有趣及值得一談。

一，根據屍體落地的位置判斷。從越高的樓層墜落，落地時距離建築物的距離就越遠，如由 5 至 8 樓的位置墜下，屍體會落在建築物前一米左右的位置；高於 8 樓墜下，則會落在建築物前一公尺半左右的位置；若是 12 樓或更高，則會落在建築物前兩米左右的位置。

二，根據屍體傷口的生理反應及血液凝固的狀態判斷。人在出血之後，身體有自我修復功能，血小板會促使血液凝固，達到止血的效果，但屍體則不會有血液凝固的狀態出現。高空墜下的傷勢屬於鈍性暴力損傷，其損傷特徵可見於人體著地部位，也可發生於遠離著力點的部位，例如腳部先著地，頭部及其面容可以完全沒有受損，或者眼球有機會掉出。墜地時強烈的衝擊

力道，幾乎必然會造成頭部破裂、顱內出血，或是內臟破裂、體腔出血，並且伴隨骨折的情況發生。但筆者就見過一名影藝界人士在跳樓自殺後其面容完全沒有受損，可謂是個奇跡。一般而言，墜樓只會出現一個致死原因，那就是人體著地的那一刻，與地面直接接觸的位置。經法醫官解剖，檢驗內出血的狀態後，就可以從體內傷口的血塊判斷死者是墜樓前已經死亡，還是因墜樓而死亡。

三，根據屍體的骨折位置判斷。無論是自殺或意外，在落地的一瞬間，人都會本能地張開雙手，結果會讓骨骼的大關節出現骨折現象，因為關節是人體骨骼最脆弱的部位。如果死者在死亡之後（被謀殺）才被拋出高樓佈局成跳樓自殺死亡，由於人體已經沒有了生理反應，下墜的力量直接衝擊屍體，所以骨折的位置會依據衝擊的部位而有不規則的分佈，而不僅限於關節處。最後值得注意的是，一個跳樓死亡的個案未必只有一個致死原因，確實死因都必須經過屍體解剖及化學檢驗。

1.6 跳海

　　坦白地說，在第一次處理跳海溺斃自殺的個案前，筆者根本不相信一個懂得泳術的人由三米高船艙甲板上跳落海面會死亡。在處理跳海自殺個案的過程中，筆者跟水警朋友交流後，才知道跳海真的可能隨時斃命。自溺，香港人稱之為跳海自殺，其實是投河、投江、投井自盡的一個統稱，是以溺斃作為死因的自殺手法，通常會因肺部吸入大量水分導致窒息死亡。

　　為了增強本書權威性和可信性，作醫學上的解釋，筆者約見了一位法醫朋友給予指導及解釋。事實上，香港的執業法醫人數確實不多，由於牽涉到專業問題，所以文章中不會提及這位法醫朋友的任何資料，亦不會討論其處理過的個案。

懂得泳術也有可能溺斃

　　如果自殺者由高處墮進海裏，海水會流入耳道，繼而進入內耳的半規管而影響人的平衡感知，使人失去平衡，從而溺斃。溺水亦可能合併外傷而產生，如跳水時有頭部外傷導致意識喪失，或頸椎骨折造成肢體癱瘓等。

溺斃的屍體通常會沉入海底。經過一段時間後，隨著身體腐爛加劇產生氣體而膨脹浮出水面。這時，屍體外貌通常與生前容貌差異極大，難以辨認。大部分屍體會被沖到岸上，亦有部分被魚和微生物吃掉，所以跳海自殺的死者屍體有可能永遠不會尋回。

不懂泳術溺斃有多難受？

人類本能反應會四肢掙扎，直至體力不支、掙扎不了的時候，氣就上不來了，然後就會迫不得已地張大嘴巴試圖喘氣，再吸入大量水分灌進胃和肺。此時會感覺到胸腔無比脹痛，就像要爆炸一樣；然後頭也會脹痛起來，感覺好像腦子都進水了一樣；喉嚨也會無比劇痛，像要爆炸了一樣，其痛楚非常難受，而且持續一段時間，直到氣絕身亡為止。

印度海員跳海自殺的個案

言歸正傳，在這裏分享一下筆者最近處理的印度海員在香港海域跳海自殺的個案。原來船隊保險公司和海運貨物的保險公司是完全不同種類的公司，與我們生活上常常遇到的人壽及個人儲蓄保險公司分別很大。專業的船隊保險公司在全世界只有兩三間，其中已經包攬超過九成的航運公司，其中一項主要業務是

保障船隻本身及海員安全。筆者接觸到的那間公司位於香港上環，幾乎所有出入香港的遠洋輪船都由這公司提供意外及傷亡保險，那當然包括對船員傷亡作出賠償及提供支援服務。這宗個案便是這家保險公司的香港支援中心委託給我們的。

在一般情況下，死者家屬會提供基本文件：例如死亡證、死者護照或其身分證明文件、屍體領取紙、收貨人與殯儀館、墓園資料及其聯絡人聯絡方式等等。但這宗個案非常特別，保險公司連死者的護照、海員證等基本文件都沒有提供。

交談之中，才明白到案件的複雜性。跳海自殺的海員是屬於船公司的職員，而委託我們的保險公司是船公司的保險代理，每一項文件及其細節都需要由保險公司向船公司總部索取，但這案件的所有支出則由所屬保險公司支付 ── 在我們這個行業有一個小小的術語：「節目主持人」，所謂節目主持人就是指付款人，亦即「話事人」，故保險公司才是「節目主持人」，是我們公司的客戶。雖然死者所有的文件及資料，船公司都有記錄，但保險公司就沒有存檔，每當我們需要一份文件，就需要由保險公司向船公司總部索取，這當然會引起很多不便且耽誤時間，但我們只能耐性地處理，而不能跳過保險公司直接與船公司接觸。

簡單講述一下這宗個案的情況和背景。死者來自印度一個較偏遠的小鎮，性格比較寡言，很少向同事透露自己的事情。

案發當日，死者在船上甲板呆站了好一段時間，當輪船到達香港長洲對開海岸，死者一躍而下，驚動了船長，立即停航嘗試拯救該船員，可惜於海面上遍尋不獲，於是立即報警。香港水警登船將該船員的資料記錄下來，並把 CCTV 監察記錄影片取走，將輪船臨時扣押，不准任何人登船或離開，並向每一位船員錄取口供。經過水警總部重案組探員查證，初步從 CCTV 錄影中清晰見到死者是自行跳海，並沒有人在其身旁，估計死者不是被謀殺。在扣押輪船幾天之後，水警在香港大嶼山某一海邊石灘發現死者屍體，並將屍體打撈起來送到西環公眾殮房作解剖驗屍。香港警方因應初步驗屍報告認為事件無可疑，於是將輪船放行。

可是，船長為免耽誤船上貨物船期，急於趕赴行程，便立即開船啟程往新加坡，並沒有將死者任何物品留在香港，包括其護照及海員證。同時，由於事出突然，外籍船長及船員根本不熟悉法律，並沒有在領屍紙上簽名及蓋章，殮房只有將這個遺體標籤為不知名死者（unidentified）來處理。在這個情況下，我們公司員工又多了一個非常繁複的程序：先約見警方，做一些文書往來，證實我們公司是被委託的殯葬物流公司，之後再約警方前往公眾殮房辦理領屍紙手續，更要長途跋涉前往離島水警總部錄取口供。

幾經波折之後，終於收到船公司通知尋回死者的護照和海員證。我們馬上通知印度領事館尋求協助，透過領事館跟死者在印度的家人聯絡，知道家人意願後便著手處理死者後事。當地的

宗教習俗是一項需要重視的程序，因為每一個宗教都有其安葬儀式，例如回教徒和耆那教徒都有特定的一套儀式和手續，以確保先人受到尊重。幸好領事館職員非常專業，十分積極協助，致使事情在波折重重之下亦一一解決。例如在屍體防腐文件上的協助、印度海關的有效溝通、死者家人的聯絡，在授權本公司作為殯葬物流代表上給予了非常重要的協助。

預定航班及目的地機場是一門學問，死者的家鄉在印度的中西部，理應預定在清奈（Chennai）機場降落，但由於航班班次和內陸航班互相不協調下，最終改至孟買（Mumbai）機場降落。有頻密班次的目的地可以確保遺體不會被卡在轉運機場，萬一計劃航班走不了，仍然可以轉搭同一日的航班，免得遺體在酷熱天氣之下等待轉機。

一切文件終於準備好，約定了領事館職員在公眾殮房準備領取遺體裝箱運往機場。由於當天香港下大雨，大家都非常狼狽，而且交通擠塞，領事館職員也因此而受阻遲到。終於辦理好手續領取遺體，但遺體狀況甚為恐怖：遺體有強烈臭味；失去雙眼球，大概是被魚類吃了；皮膚發霉，像我們在街市常見的豬皮，但發黑了；下體被海魚吃了，只剩下少量皮肉，若果不知道死者的性別，很可能從連性別也難以分辨；腳掌被魚類吃剩了骨頭。

若以中國人的習俗而言，「死無全屍」是一種詛咒。選擇自

我了結生命已經非常悲哀，更要死無全屍，實在聞者傷心，見者流淚。

跳海自殺勝地：美國三藩市金門大橋

談及跳海自殺，令筆者聯想到美國三藩市的金門大橋，差不多被公認為跳海自殺勝地。金門大橋於 1937 年竣工，到 2022 年 3 月，已經有近兩千人選擇在這裏結束生命。有部紀錄片花了一整年時間，用長鏡頭從不同角度捕捉到二十多個跨越欄杆往下跳的真實畫面，在拍攝過程中也成功阻止了 12 個企圖跨越欄杆自殺的人。但這紀錄片亦引起少數人道德上的討論，曾經有一個自殺者在橋上猶豫了 60 分鐘以上才做出最後決定，而這整個過程都被畫面捕捉到，成為紀錄片的一部分。輿論指責攝製隊為了成全珍貴的鏡頭，而不設法阻止一件必然會發生的悲劇。

整個跳橋自殺過程只需要 4 至 5 秒鐘的時間。軀體會以 120 公里的時速墜入水中，大部分時間海水都不會高於攝氏 10 度，單單這樣已經可以令自殺者因痙攣而不能動彈。種種痛苦令人認識到人世間所有的不幸與苦難都那麼微不足道，對每一個跨越欄杆的人來說，那是最漫長的 4 至 5 秒鐘，亦是生命的最後數秒。自殺者跳進海面，會因衝擊造成嚴重腦震盪、四肢分離、大量水分進入肺部而溺斃。對於自殺者來說，只要躍下，就沒有後悔的空間。

跳海自殺，在香港偶有發生。在中國較為人熟悉的跳水自殺名人有愛國忠臣屈原，屈原因被放逐而不能回朝效忠，感到十分悲痛，行至長江邊，作〈懷沙〉一賦，最後投入汨羅江自盡。後世端午節吃糉子的傳統，也是為了紀念這位愛國忠臣。

1.7 半自殺

極限運動生意外

「明知山有虎，偏向虎山行」，意思是明明有路可走，卻偏偏選擇走往有老虎出沒的山上。向難度挑戰，表示個人勇敢和堅強，做到別人恆常做不到的事。但另一方面，勇敢和愚昧可能是做同一件事，只是成功和失敗的不同結論。

極限運動（Extreme Sports）泛指各種危險性高、技巧與體能需求較高的運動項目，包括飛躍道（Parkour），即從一幢樓宇跳到另一幢樓宇，但一般沒有什麼安全措施，只靠平時練習累積經驗。近期，一名外籍人士潛入香港一幢住宅樓宇（以下將人物、地點資料稍作更改以保障私隱及尊重其家人），疑玩飛躍道，目的在於挑戰難度，並將在處於高處的圖文貼在社交網站以展示其過人的勇氣和堅毅，可惜最終墜樓身亡。他不但付出了寶貴的生命，更給家人帶來一個不可彌補的傷痛。

該名外籍人士在社交網頁平台自我介紹為攝影師，不時周遊列國，帳戶共有百多個貼文及影片，當中有不少在地盆、沒有圍欄的高樓天台、陡峭山坡、懸崖、高空等危險地方拍攝的照片。根據其個人社交網站的貼文，他經常爬上屋頂、地盤天

飛躍道是極限運動的一種

秤、大橋等拍攝照片，有時僅用雙手抓住天台邊緣或天秤金屬杆，畫面看來非常危險，吸引不少好此道者的注意和關注。

這天筆者收到電話查詢，要將一具遺體運送至歐洲，才在網上新聞報道查得該個案的詳細資料。翌日保險公司確認了這個個案交由筆者公司全權處理。一如以往，首先查問委託人手上有什麼文件，例如死者身分證、死亡證、護照、任何醫院及警方文件、家人聯絡資料等，但查問之後得到的答案是委託人沒有任何文件，連身分證和護照的副本都沒有，只知道死者名字和國籍。天啊！如何處理？

「半自殺」個案的處理程序

一般的殯葬個案,大致分為自然死亡和非自然死亡兩大類別。

先談自然死亡。死者通常在醫院死亡,有當值醫生在場簽名記錄死亡原因、死亡地點以及死亡時間,其親友一般在兩三個工作日就可以辦理死亡證,取回死者身分證及其他文件,例如護照、回鄉證及個人財物等等,並進行葬禮儀式的安排。

再談非自然死亡。非自然死亡有很多不同的可能性,例如車禍、運動意外、工業意外、屍體發現案,甚至兇殺案等,由於事出突然,絕大部分沒有當值醫生當場記錄死亡原因、時間及地點等。如果有救護人員在場,亦只能記錄死者的死亡時間及地點,遺體基本上要運往公眾殮房進行驗屍以檢驗死因。絕大部分的非自然死亡個案都會牽涉到警方介入,除了調查是否牽涉他殺等刑事成分,還會調查意外原因及協助法庭釐定是否有任何一方需要負法律責任。在非自然死亡個案中,警方一般都會透過不同渠道聯絡到死者的家人或朋友,當然筆者亦曾見過有警方失蹤人口組(雜項調查科)的個案,長達一年仍然未有親友鄰居認領死者屍體,亦拒絕透露死者更多資料,使遺體存放在公眾殮房超過一年,遺體被領出時已經面目全非,滿佈霉菌,狀甚恐怖,凡此事例,不一而足。

話題扯得太遠了，一般非自然死亡個案的殯葬安排是：死者家人或朋友往驗房認屍，簽署遺體認領文件，並向警方錄取一份口供或提供資料（不一定是正式、有法律效力的口供）；視乎案情的複雜程度，有個別的處理方法，或進行屍體解剖，以確定死因。一般在死者過身後 7 至 14 個工作天（強調只是一般情況，而絕非一定）便會由法庭簽發未有死因的死亡證，殯儀業界行內以「Form 11」作統稱。

　　讀者可能會問：那麼何時才能夠獲得有死因的死亡證？這個問題沒有標準答案，主要視乎死因庭的審訊排期，以 2023 年為例，死因庭的審訊大約會在半年至兩年內完成，亦即大概可以在兩年內完成整個死亡個案的文件處理，不過未包括遺產繼承等法律程序的時間。雖然說是非自然死亡個案，但在正常情況下，家人都能夠提供死者證件、身分證、家人的聯絡資料和認領遺體文件等，殯儀從業員並不難處理葬禮的安排，土工會在驗房領取遺體後將其送往殯儀館進行儀式。在此可以順帶一提，一宗哄動一時、在大埔區發生的碎屍謀殺案。在這個極端個案中，家人只能領回死者很少的殘缺遺體進行葬禮，因情況非常特殊，瞻仰遺容等告別儀式因而無法進行。

先人的棺木就裝在這個木箱裏運返原居地

根據委託人透露，死者是訪港旅客，沒有香港身分證，而其護照則在警方的證物室內，其餘文件一律欠奉。團隊唯有抽絲剝繭，像偵探查案件一樣處理個案。首先，聯絡負責警員。這是比較困難的事，因為大部分警務人員都是輪班工作的，難以知道負責個案的警員的上班時間，而且如果沒有其檔案號碼（RN number），根本不可能找到相關人員協助；儘管委託人已告知我們檔案號碼，亦要配合處理該案件的警員的上班時間，安排認屍手續和呈報文件，證明我們是被委託的公司團隊。由於警務條例的限制，警員不能隨便提供任何資料給一個陌生人或未經證實的委託人，故聯絡警方的初期會比較麻煩，先要將一大堆文件傳真及電郵給警方，以確定我們就是唯一被指派處理這宗案件的殯儀公司職員。死者家人要求好好將遺體運送回原籍國家，潔淨

安放棺木於木箱內，木工師父就在箱子的另一端進行封箱。

的遺體及自然的面部化妝是家人心願，但這是高空墜樓案件，如果沒有警方和殮房的配合，很難確定屍體是否已經變形，甚至斷開兩截，頭顱是否仍然與身軀同在，要多次解釋才能令警方安心，安排同事在家屬認領遺體前到殮房檢查屍體情況，以便作出適當跟進。

與此同時，我們查詢過領事館在網頁上公開的聯絡電話，但電話沒有人接聽。在折騰了兩三個工作天後，終於收到了領事館的電郵回覆，事情終於有了眉目。原來，事發當日大廈管理處報案有人高空墜樓，但死者身上沒有任何香港簽發的證明文件，只能根據其錢包內國外的駕駛執照，通知其領事館，領事館人員翌日已前往西環殮房協助處理，但就沒有進行認屍程序，殮房只列死者姓名為不能確認（unidentified），即未有認屍家屬／朋友。

問題來了，如果沒有人認屍，或者沒有指定的領屍親友，那麼誰可以將死者送回原籍國？別忘記，死者在香港沒有任何親人，更沒有朋友，那麼誰可以作為指定的領屍人士？

幸好領事館職員非常合作，作為殯葬商和死者家人的溝通橋樑，協助我們先解決死者的護照問題。死者護照在警方的證物室受到保管，警方發放證物有一套程序，絕不能馬馬虎虎，有了領事館的協助，事情就容易辦得多了。領事館先把死者護照的副本加簽作正本（Certified True Copy）讓我們呈交至政府殮房和

死因庭作申請手續之用，另外再發出一封公函，指定我們公司的一位同事處理案件，該指定同事必須到警署簽署一份具法律效力的聲明書，申報被委託及願意負起責任，這樣始能得到授權取回死者證件和遺物。

在認領遺體方面，因遺體送入公眾殮房時，並沒有進行正式認屍手續，為了合乎法例要求，我們與警方約定一個時間在公眾殮房正式進行認屍手續。但我們三方（殯葬物流公司、警方和領事館）都不認識死者本人，憑什麼去認領遺體呢？這有賴我們團隊的合作精神和豐富經驗。首先要透過領事館跟死者家人聯絡，詢問死者有否任何身體特徵，例如紋身等。由於死者有多於一個紋身，這亦減少了出錯的機會。

在此提醒一下，人死後的容貌跟生前的容貌可能有非常大的差異，主要原因是因為屍體沒有血液循環，而且這個非自然死亡個案是從高空墜下而死亡，單憑相貌辨認不是一個可靠的程序。

屍體移離許可證的辦理

由於死者並非香港公民，因此死者沒有香港身分證。不幸的是，向法庭申請辦理屍體移離許可證上又遇上了新的難題，死者名字出現了懷疑「擺烏龍事件」，因為死者證件不是英文，其姓名中含有一個與英文「Michelle」相似的串法，但護照上的性

別欄卻寫是男性，大家都在懷疑是否有任何一方出了亂子。一旦有資料弄錯，會嚴重影響整個流程，費時失事。三番四次確認死者性別之後，我們開始向死因庭申請死亡證，但因案件複雜及較多疑點，警方一直未向法庭遞上報告，使臨時死亡證（Form 11）遲遲未有批出，死者在歐洲的家人十分焦急。為避免死者家人二次受創，同事花了一整天坐在死因庭外等候死亡證批出。皇天不負有心人，死因庭法官就在星期五下班前五分鐘批出了這張死亡證，減輕死者家人不必要的壓力。

為了趕快安排死者回國，我們在星期一的大清早便到金鐘的入境事務處屬下生死註冊處遞交申請文件，兩天後已經於生死註冊處拿到屍體移離許可證，可謂萬事俱備。可惜，世事往往不盡如人意，即使以最迅速的時間向航空公司訂倉位，直飛歐洲，我們卻遇上了歐洲航空人員罷工。好不容易，有另一家航空公司提供非直航服務，中間多了點折騰，亦增加了運費。

棺木尺碼大小的選擇，是絕不能錯誤的步驟。如果棺木太小，容不下死者，會令死者身軀屈曲，對死者及其家人極之不敬；相反棺木過大，屍體在運輸、搬抬的過程中左右搖擺，亦非常不敬。同時，因空運費用是按物品整體重量和體積計算，過大的棺木會增加運費和其他相關費用。

跟死者家人討論死者在香港的葬禮儀式非常重要。由於死者出身於天主教家庭，死者本人和其父母均有領洗，故這宗個案

在葬禮儀式安排上沒有太大問題。但筆者曾經處理過一些比較複雜的個案，就是死者的宗教跟其家人不同，而父母兄弟之間亦信仰不同的宗教，於是引起爭議，無法決定採用哪種宗教儀式的葬禮；幸好死者生前曾經受洗，經過激烈的討論，最後家人勉強同意以死者最後的宗教行為作為依據，以基督教儀式進行喪禮。

在所有文件均獲確認後，我們安排領事館職員、靈車司機、土工、釘箱公司職員、化妝師、防腐師按時到達殮房領取遺體。在領取遺體的那一刻，我們再次小心確認文件和屍體上的名字掛牌完全吻合，核對死者紋身圖案和部位，簽名領取遺體，為死者淨身清潔，脫掉骯髒的衣物，重新為死者穿上家人為其準備的衣服，由內至外、由下至上，換上了新衣，以表示其精神永存於世。更重要的是，其家人千叮萬囑，入棺前，必須為死者戴上其心愛的戒指及頸鏈。別看小一些細節，一些看來是小事的出錯，會為其家人帶來終生的遺憾。

早在現場候命的化妝師，憑藉精湛的化妝技術令死者面容變得安詳，沒有什麼恐怖嚇人的儀容，使其在一個簡單而又莊嚴的喪禮儀式中得到最大的尊重。在領取遺體至蓋棺的那一刻，整個過程我們都會用社交應用程式軟件轉播至其家人，以肯定一切都遵從其家人意願。蓋棺後，領事館職員隨即在棺木上的封帶上打火漆、蓋印及簽名作實，確保沒有不合法或不必要的物品存放在棺木內，其目的在於儘量免除當地海關要開箱檢驗的機會，打擾先人。

土工將裝有棺木的木箱抬上靈車，送到香港國際機場空運貨站。其實，靈車到達之前，公司團隊同事已經及時通知空運貨站及航空公司，以便航空公司準備專用載貨板將棺木運上飛機，一方面避免棺木有不必要的碰撞，另一方面亦可以安排棺木放置在溫度合適的地方暫時存放，並在第一時間上機。

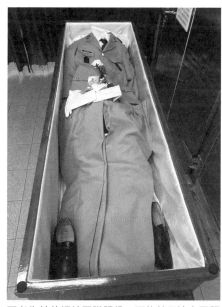

死者生前曾經於軍隊服役，死後就用這套軍服陪伴他長眠於出生地。

1.8 殯葬物流經驗分享

安排回家的故事

根據心理學家意見，一般情況下，面對親人突然離世，相比有長期心理準備的長期病患者家屬，意外離世死者的家屬所承受的哀傷會更多，恢復時間也會更長一些。離世者年齡越輕，越是出乎意料，家屬就越容易出現創傷反應。以下這個個案的家屬，其親人離世的那一刻，他們正值在日本的溫泉酒店共享甜蜜假期，噩夢帶來的負面影響，不單在當事人的情緒處理方面，更在客觀的經濟負擔角度，以至如何尋找資源協助處理運送遺體回香港，都是非常頭痛的問題。記得一個星期日早上 9 時正，來電顯示了一個長途電話號碼，那一次對方的焦慮不安、徬徨和急躁給筆者留下非常深刻的印象。

「我想問你哋喺咪會運死屍？」
「點樣運？」
「幾多錢？」
「幾時會運返香港？」

在客人一連串追問之下，筆者根本不可能立即給予報價，因為欠缺非常多重要資料；但來電查詢的客人，思緒似乎有點混亂，以及情緒受到困擾，回答零碎，甚或提及一些無關的事情。

整合一下個案資料：死者為香港人，男性，58 歲，本身已患上末期肝癌，趁仍然可以走動，跟太太到日本旅遊，享受可能是人生中最後的旅行。不料晚飯後突然感到氣促，呼吸困難，未幾面部發紫，失去知覺，送院後證實不治。

客人（死者太太）跟死者父母（廣東話稱之為老爺、奶奶）匯報事件，其父母堅持「見唔到個人都要見到條屍」，但在日本人生路不熟，一般英語溝通都有困難，更何況日文？在溫泉酒店職員協助下，客人找到了一個提供遺體空運服務的香港網站（筆者公司），於是立即聯絡查詢及安排丈夫後事。

客人非常關注價錢和遺體到港日期，但由於事出突然，而且死者死因未明，事主只能提供當地報案紙，醫院的入院文件及死者護照、香港身分證影印本。礙於沒有確實死因，不可能準確估計價錢和時間，只可初步告知客人是次個案的處理時間不會少於三星期及不少於港幣六位數字，以供參考。問題來了，還有其他選擇嗎？還可以作價格比較嗎？時間每拖延一日，酒店及其他費用就會更多，家人亦不能回香港協助領取各項文件，百害而無一利。

六位數字說多不多，說少不少，在沒有詳細、明確報價下要家人作出決定實在非常困難，但時間不會停下來讓人思考，這個決定就只得草草作出。一般在事情發生後，總會有三姑六婆在背後指指點點，當時便有位死者親友要求殯葬物流公司在兩日內

進行屍體防腐，以防屍體惡化影響大殮瞻仰遺容；可是，當地醫院仍然未發出死亡證許可書，當然亦沒有認領遺體文件，這對殯葬物流公司來說是一個非常大的難題。但客人堅信必須馬上做遺體防腐，有助於保存死者完整面貌，作為服務提供者，唯有盡力完成客人要求。在多番溝通之下，我們向醫院說明了死者家人的憂慮，特別得到批准先做防腐，亦幸運地，醫生作出判斷其死因是急性肺炎病發。基於醫院的專業判斷，加上死者身體沒有任何表面傷痕，以及死者妻子的冷靜表現，日本警察方面亦決定停止調查，放行遺體運送回港。

其實辦理遺體空運入口到香港，不比出口容易，除了在入口香港前的複雜安排，更重要的是當地的殯葬公司必須是專業和負責任的，否則我們就要承擔他們的錯誤，因為客人只會跟我們公司接洽，並不會直接向我們的伙伴公司接洽。另外，香港機場港口衛生署未必能夠及時通知我們遺體將會是直接放行至殯儀館進行喪禮，抑或必須送到公眾殮房等待香港法醫解剖。我們作為專業的殯葬物流公司，必須快速應變。由於公眾殮房只接收遺體，而不會接受棺木，萬一真的要送到公眾殮房，土工還要安排將入口的棺木送到垃圾堆填區丟棄，這些額外的時間、工序和成本，都必須跟客人講清楚，否則只會導致客人的不滿。

後記：事件發生於星期日，是公司的假期期間，實在是需要一間專業及擁有龐大環球網絡的殯葬物流公司，才能提供一年365 日每日 24 小時的服務。

1 外國空運入口香港的遺體
2 打開棺木後看到遺體用銀色屍袋妥善包裝

運送遺體的延誤經歷

一個忙碌的工作日，筆者一大清早起床，於早上 8 時前到達殯儀館，趕及在家屬開始送殯儀式前到達靈堂，除了協助土工處理如何安放遺體，另外亦希望確保沒有任何不適宜寄運、禁運的物件或陪葬品夾在壽衣或棺木中。

這個時候，是跟同行業界打交道的最佳時刻，土工同事們在儀式進行時只是候命，喪禮統籌顧問則只協助靈堂的打點。真正最忙碌的算是堂倌先生了，每位賓客的出入都要照顧得宜，所有宗教儀式均要跟著程序及家屬意願去辦理，不能怠慢客人。化妝師在送殯儀式前、大殮及瞻仰遺容前必須確保先人容貌安祥，讓死者以最佳狀態入土為安。而筆者這個殯儀物流顧問崗位，在這個時間就可以跟不同工種的同事打好關係，方便工作。

飛機專用空運載貨鐵板

在交際之餘，再檢查一次確保所有出口文件齊備，以免張冠李戴出了亂子。一切工作順利，棺木封箱後土工將之抬上靈車，司機風馳電掣直驅機場貨運站，貨運站員工亦早已準備好飛機專用鐵板，土工用純熟的技巧，將棺木卸在飛機專用鐵板上，稍作檢查後便離開機場貨運站。接下來的時間就是殯儀物流專業人員最忙碌的時候：將文件整齊有序地交給航空公司員工，櫃枱前線員工核對及打印貨運提單，最後由當值日主任或經理覆核，再三核對以確保沒有出錯，交付費用，工作便大功告成。

要知道飛機運送遺體絕不能馬虎，任何文件稍有出錯導致目的港不能清關，會產生嚴重後果。若將先人遺體放在空運倉庫，任由風吹雨打，或者在酷熱天氣下暴曬、嚴寒天氣下冰封，會影響先人遺體；而且，在付運之前，目的地的殯儀館早已安排靈車、化妝師、靈堂及家屬朋友到場進行追思儀式，根本不可能更改儀式日期，因為基本上靈堂每一天都有人租用，接下來的日子未必有空檔。

忙碌了一整天，筆者下班回到家時已經是晚上 11 時，正準備就寢之時，突然收到航空公司的通知，指我們漏交了一份名為「遺體進入中國的衛生監管申報單」，更指要我們立即提走現存在香港空運貨站的遺體貨箱，否則每天收取以千元為單位計的倉租！天啊！從事這項專業工作二十多年，從未遇過這個問題，這個苛刻的要求，根本不可能做得到。

航空貨運站晚上的值班經理只是主任級，很多事情都不能獨立決定，只報稱收到外站指示禁止我們的貨物上機，再多也解釋不了。為了解決事情，筆者及同事不得不在深夜立即返回公司處理，以確保客戶的利益。除了出示航空公司空運出口部較早前的所有蓋章，還要出示由航空公司發出的收貨確認電郵，確認已經收取空運費用等等的文件。到底何來突然有這份申報單的要求？來回二十多次的電話對話中，當值主任問非所答，而且姿態有點橫蠻，當時已經是深夜 2 時半，飛機已經起飛了，棺木及遺體仍然停留在香港的貨運站。這個情況下，只有等待黎明到來，明天再處理，但這個夜晚特別漫長。

翌日早上，我回到公司時還未到 8 時。航空公司貨運部經理 9 時上班，我心急如焚，執拾好一切文件及資料，驅車直闖機場貨運站跟航空公司周旋。事情總不能用暴力去解決，唯有按捺著心中那團怒火，理性去處理。這個時候我的客戶（長生店）及家屬似乎已經失去理智地向我狂吼、指責甚至人身攻擊。

幸好，那位貨運經理跟我們面對面討論那份申報單的問題時，答應跟目的地外站溝通。初時，他仍然堅持那是必要的文件，在再三力爭及羅列一大堆中國海關的要求後，航空公司經理終於承認這份文件不是必要的，並重新安排當晚航班，運送棺木。

究竟航空公司在什麼地方出錯？會否有任何賠償及致函解釋，好讓我們面對客戶？在這裏，先講述航空公司跟貨運代理的

關係，在香港運作的航空公司只有百多家，但有三千多家貨運代理，在僧多粥少的情況下，航空公司根本不愁沒有客戶，亦無須提供太貼心的服務，只要手執某一些主要航線，就不愁生意。

但作為專業負責任的殯儀物流公司，我們必須要令客人滿意及保持口碑，在兩面不是人的情況下，給客戶一些特別的賠償是免不了的。雖然合約通常會註明不設任何賠償，但為保障公司聲譽，不得不作出例外。

遺體用陸路進入中國境內需要批文，但不包括空運入境。

航空公司在什麼地方出錯？其實答案非常簡單，這份名為「遺體進入中國的衛生監管申報單」，只在陸路運輸入口才需要提供，空運入口是不需要提供的。這個嚴重的誤解，是一名前線職員在一知半解下產生的誤會，而且不當場解決才會發生。這份衛生監管申報單只適用於廣東省陸路運輸，空運及廣東省以外根本用不上這文件，航空公司職員的一知半解和不求甚解，便產生了巨大問題。

至於賠償當然欠奉，航空公司甚至連道歉都沒有。記得在1994 年電影《飛虎雄心》中王敏德飾演的飛虎隊隊長最後被炸死，在電影中的最後一句對白是：「你死，不一定是你的錯，作為分工社會的其中一環，我們的責任是保障他人，但未必保障到自己。」這句話活現在實際生活中。

1.9 有關屍體的冷知識

筆者在大大小小的場合、各大專學院及大學等都主講過有關殯葬物流的議題,最經常被問及的問題就是:「你有沒有觸摸過死屍?」筆者可以很直接的告訴各位:有。不單有,更經常近距離面對死屍。

其實筆者跟一般人一樣,在最初入行的時間都很抗拒棺木、靈車、紙紮等殯儀相關的東西,記得當初非常害怕見到棺木、屍體等東西,主要原因是不習慣殯儀這個行業,以及擔心衛生、污穢等問題,尤其處理一些自殺個案。直至從事了殯葬物流業若干年後,一次不經意下誤闖葵涌公眾殮房的停屍間,親眼目睹一名南亞裔外籍人士因過度吸食毒品死亡的屍體後,才發覺屍體跟一般活人軀體沒有太大分別,我甚至可肯定地說,死者是名俊男,眉清目秀,身型高大,因為遺體儲藏在公眾殮房雪櫃內的日子很短,約只有三兩日時間,所以無論是皮膚的光澤、面部的肌肉和頭髮都與一般睡夢中的人沒有太大分別。

歷經數年,筆者已慢慢接受近距離處理死屍,甚至曾經因在場土工人手不足的情況下,為協助工作而直接接觸遺體。其實接觸遺體,感覺與接觸活人身軀沒有什麼區別,以自然死亡個案為例,人體在生前和死後的分別不太大,只是在溫度上有些差別。

人死後身體會發生變化，說到底是因為我們的世界充滿細菌。一般人看不到細菌，要在檢測儀器下才能夠測量出來。而屍體的分解過程包括自體消化分解、自我復修功能停頓及自然腐爛三部分。

自體消化分解

由於筆者並非醫務人員，亦沒有醫療專業資格，此章節所講述的都是一般人認知的死亡定義。

由人體變成屍體的幾個定義：腦幹死亡、停止呼吸、停止心跳，以上三個條件缺一不可。在人死後的幾分鐘內，由於身體循環系統停止運作，包括血液系統及呼吸系統，以至肌肉、骨骼乃至身體各器官和組織停止自我復修功能，屍體就開始分解。這過程叫做「自我分解」。身體內的酵素類物質開始消化體內的細胞膜，隨著細胞的分解和消失，細胞裏面的物質就會滲漏出來。

肝臟和腦袋含有最豐富的酵素類和液體，包括血液和水分，其細胞膜最容易腐爛，這兩個人體器官中受破壞的血液細胞開始從被破壞的血管中流出，進入毛細血管及靜脈中停留，皮膚的表面顏色開始瘀黑、失去光澤、變得暗啞等。筆者處理過的遺體運送個案中，屍體肚皮呈現淡綠色是非常普遍的，這是因為屍體內臟已經腐爛生蟲，而皮膚亦因自我分解而失去了活人的皮膚

光澤，當然這亦跟屍體的肌肉收縮、水分流失有非常直接的關係。從另一個角度看，人體因死亡後而停止生長、循環和自我復修，但細菌在人體死後卻變得異常活躍，充滿生機。

自我復修功能停頓

當人死亡後，其免疫系統功能亦隨之失去，細菌及其他微生物在人體內隨意蔓延，十分活躍，尤其是在人體的消化系統中，因為消化系統內包括食道、胃部、小腸及大腸（大腸末端稱之為肛門），含有非常大量已消化或未消化的食物殘渣，有大量營養供應細菌生存及活動，而且受損細胞滲漏出來的化學混合物成為微生物的食物來源。

人體靠身體的循環作用去完成營養的傳遞和修復功能，但人死後循環作用就會停止，那麼細菌會因為人體循環作用停止而在屍體上停止蔓延嗎？當然不會。根據英國一項醫學研究報告顯示，若屍體死前沒有呈現大範圍腐爛的話，在大約 15 至 20 小時，正常室溫（即攝氏 20 至 22 度）的情況下，細菌可以（除了骨骼外）進入所有人體器官。

自然腐爛

屍體自然腐爛主要依靠有氧細菌促成，同時亦可以依靠厭氧細菌，換句話說，在沒有新鮮氧氣的情況下，屍體仍然可以繼續自然腐爛。大家可以想想香港的墓地埋葬服務，屍體在土葬後，通常六至七年後要起骨遷移，屍體即使埋在黃土中，仍然可以繼續腐化，這個過程就是由厭氧細菌進行。另外，自然腐爛將身體內的糖類發酵，產生甲烷、硫化氫及氨等氣體類副產物，這些產物在體內積累，使腹部膨脹。有時候，身體其他部位也會腫脹，殯儀行內人稱之為水腫。

另外值得一提的是，人死後，屍體體內氣體不平衡構成持續增加的壓力，皮膚表面會出現不同大小的水泡。接下來就是整塊皮膚鬆弛之後脫落。最後，氣體及液化的組織從體內流出，通常的出口是肛門及其他帶孔洞器官，例如：眼孔、耳孔、鼻孔、口腔，也經常會從身體其他部位破損的皮膚中流出。有時，壓力過大，甚至會導致腹部腫脹，以至撕裂爆開。

蛆蟲

屍體腐爛跟蛆蟲的關係非常密切，我們身處的地球充滿不同的細菌，細菌可以存在於空氣、海水、河水及動物中，無處不在。每當有生物停止運作，抗菌力自然消失，細菌便會立即入

侵。大家不妨做一個簡單實驗，將一塊新鮮豬肉放室溫中，不做任何包裝和保護，一星期後情況將會怎樣？答案不言而喻。

曾在富山殮房處理過一具遺體，殮房員工將遺體從雪藏冰櫃取出來時，估計超過三百隻的綠頭蒼蠅從屍袋裏飛出來，情況非常惡劣及嘔心，而屍體上更佈滿上千條的蛆蟲。屍體散發出一種非常難聞的味道，以種類繁多的揮發性化合物組成。這些物質會隨著屍體分解的進程而改變。

個案中死者是名外地傭工，因情困而上吊。僱主事發時不在香港，五日後僱主返回家中，打開外傭房門時才發現外傭上吊自殺，事件令他非常傷心及煩惱，個案輾轉交託至筆者的公司，負責處理殯葬物流的部分。由於外傭的死亡個案一般要通知該國領事館，殮房、法醫、警察、入境處及法庭都會涉及其中，最終死者上吊後超過兩個月才可以領回遺體，並將遺體運回原籍國家，處理後事。

蛆蟲其實是蒼蠅幼卵孵化出來的小蟲，在 24 小時內，每隻蒼蠅大約可以產下 250 顆卵，每顆卵孵化的第一階段就是小蛆蟲，小蛆蟲以腐肉為食物，然後蛻化成更大的蛆蟲。在再次蛻化前，他們會繼續進食一段時間，攝取更多養分之後，這些更大更肥的蛆蟲會離開屍體化蛹成蠅，綠頭蒼蠅透過其觸鬚上的特殊接收器察覺這一氣味，然後落在屍體上，並在有孔洞的器官及裸露的傷口產卵。這種週期將無休止地重複，直至屍體被食盡或蒼蠅跟屍體一同被火葬或埋葬才會停止。

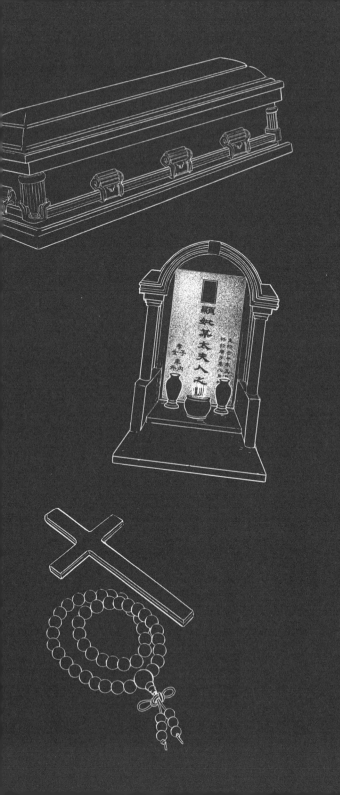

第二章

禁忌行業‧香港殯儀業淺談

2.1 引人入勝的殯儀業

曾有不少學者及專業人士都寫過有關殯葬的書籍，為免令內容變得沉悶，先寫點熱門的、大家最關心的話題，打破沉默。

紙紮，是傳統的祈福、祭祀用品，具體地表現在燒衣紙儀式上，當然這個儀式只會在道教葬禮上才會見到。

神秘行業的大門打開了

殯葬業以往予人感覺神秘、傳統、保守及封閉，坊間對於這個行業的資訊稀少，長生店、殯儀館及墳場，總是與鬼神扯上關係；因為牽涉生離死別，更被視為忌諱，但今天社會開明了，人們骨子裏又想知多一點，只肯定街外人難以涉足，入行都只有世襲及熟人介紹兩種途徑。而另一方面，坊間都認為殯儀是容易賺大錢的行業，是否屬實？尤其是經濟低迷的時候，貧窮比鬼更可怕，不少人都希望踏足這個神秘行業掘金。究竟這行業輸入新血有什麼途徑？有否入行門檻或個人特質配合？

種種因素影響，殯儀行業不再像從前般封閉，互聯網及手機普及、新聞的持續專訪等，殯儀這個神秘行業雖然還不是百分百透明，但已打開了接觸渠道；正如每個行業亦有屬於自己的機密資訊，沒有必要盡數公開，以保障行業運作暢順及其質素。業

內相關範疇亦太廣泛：殯儀館、長生店、墳場、儀式、殯儀策劃師、堂倌、化妝師、喃嘸師傅、和尚尼姑、石廠、花店、紙紮舖等，各範疇的知識寶庫實在太大，每人都做到老學到老。

殯儀課程是否入行的途徑？

大概 20 年前，業內長生店開始舉辦大大小小的殯儀課程，有私人的，也有與其他機構合辦的，主要教授殯葬知識：籌辦喪禮、禮儀流程、執骨風水、對家屬的心理輔導等等，收費幾千至幾萬港元不等，均由行內資深前輩自訂課程，故內容參差。

殯儀課程除了教授殯葬知識，亦是長生店自己發掘客源的途徑。打破世襲，每個修畢殯儀課程的學員，都有機會間接或直接成為殯儀從業員。何謂間接與直接？

間接，是學員未真正領略喪禮策劃及流程，只能擔任轉介角色，將喪禮委託帶回長生店代為跟進，事成後按照不同條件於該喪禮利潤中分成；

紅磡老龍坑街殯儀公司林立，附近亦集中了位於九龍區三間殯儀館，可以說是殯儀同業比較集中的地區。

直接，是學員經過一段日子揣摩學習，對整個殯葬流程融會貫通，自負盈虧，甚至有自己班底，獨當一面。殯葬知識之多之廣，當中的錯綜複雜及應變方法，要真正懂得主理每單喪禮由籌辦至功德圓滿，談何容易，亦需要時間浸淫。

以往報讀課程的人士各有不同原因：求知識、想幫人……當然想入行的佔大多數，可是修畢課程後並不代表一定可以在殯儀行業中站得住腳。課程主要教導學員成為「殯儀策劃師」（俗稱「殯儀經紀」），基於「行業的特性」，殯儀業並非個人勤奮或讀書有成，就適合投身當中，更重要的還是「人緣」！人緣對自己建立誠信最為重要，有人委託你籌辦喪禮，才正式有生意和收入。年齡亦有影響，太年輕或難以得到長輩信任將喪禮交託主理。

長生店有自己本身的客源，但並不會將喪禮分流給學員主理，故此一般學員不會得到正式招聘，因此想入行確實並非易事！

另外，不同長生店聯同其他機構維持開辦殯儀課程，久而久之累積下來，身邊自稱從事殯儀業的人也逐漸增多，僧多粥少下造成行業競爭，不少前輩都慨嘆，今時今日要成功承接一單喪禮比以前困難多了。良性競爭角度而言，市民多了選擇；惡性競爭層面，參差的服務導致喪禮質素下降！

坊間殯儀課程均由持牌殮葬商開辦，由行內資深前輩自訂課程，也有個別與其他機構合作，對於正經的殯儀班，真正有系統地傳授殯儀知識的話，大家只需要衡量價錢是否合理。但宏觀的說，以往學員能正式入行的只有極少數，粗略估計少於 1%。曾經有報道指某殯儀課程廣告「保證高薪及能夠入行」，引來迴響，最後被學員開記者招待會聲討。讀者要小心考慮清楚，不過，純粹求知識就沒有問題。

「吉儀」是由主人家收過帛金後回敬來賓的小小心意，一般內藏小額錢幣一個、紙巾及甜糖一粒，寓意回禮、抹去眼淚或骯髒，及苦盡甘來的意思。

行內各範疇崗位的入行途徑

長生店需要助理去完成每日店內事務，包括執拾及打點喪禮、文件往來、清潔等，有小部分長生店從前會招聘全職人士負責上述工作，無需經驗，邊學邊做，基層薪酬。本地長生店大部分規模不大，這職位基本上不缺人。

喃嘸師傅、堂倌、化妝師、打點助手等專業工作採師徒制，基於「行業的特性」，一位師傅帶領一位徒弟，主要亦是由熟人介紹。身邊幾位負責任的師傅會考慮徒弟的生計，因為有工作才有收入，所以徒弟最多一兩位，絕不濫收，無謂耽誤別

1 棺木裏的裝裱，行內同業叫「梳化」，一般都以金黃色作主
　要顏色，代表後人黃金滿屋，隨時代的改變，現在也流行紫
　色、銀白色、珍珠色、粉紅色、香檳金色，甚至紅色和粉紅色。
2 百合花代表愛和祝福，也是一般喪禮中最常見採用的花種，
　其獨特香味甚濃，充滿靈堂，令其他不理想味道被蓋過。另
　外，百合花的保存期也較長，經過一晚守夜後仍然保持芳香。

人。部分工種例如「土工」，即件工工人，技能要求相對較少，平日主要負責喪禮前線體力工作，有車牌、無不良嗜好優先，但同樣需要熟人介紹。

個人特質與殯儀業

「真實喪禮並非他人的體驗場所」，緊記這句說話，這是對家屬及先人的基本尊重，能減少靈堂內的意外因素及保障喪禮的穩定順暢。

殯儀是一個特別的行業，人的一生，慶祝生日、畢業禮甚至婚禮等大事都可以有超過一次，但喪禮沒有「第二次機會」！過程做得不好，會令家屬留下一生難以忘懷、痛苦不堪的回憶。主理喪禮需要極為嚴謹，用人方面絕不能苟且，所以合作班底如師傅、堂倌、化妝師、打點助手等都要專業及熟練。基於以上原因，殯儀業從來都是先考慮由自己最熟、最信賴的人所介紹的人，因為不用花時間去觀察該位人士的誠信、耐性、認真、情緒控制、同理心等，杜絕輕浮、敷衍草率、鬧著玩的心態！

綜合所有的入行門檻，作為並非世襲的街外人，若有機會踏足殯儀行業，要持續生存的第一步，最實際的還是「沒有家庭經濟壓力」。

在芸芸條件中，你給人的印象必須是一位「有誠信及可靠」者，處事有條理，才能讓客戶放心將沒有「第二次機會」的喪禮委託給你。

　　要把喪禮安排得好，需要「細心」，有能力統籌細節；有「耐性」聆聽喪親家屬所需，畢竟他們的情緒有機會極不穩定；具有殯儀行業的「同理心」，以過來人身分幫助家屬。特別一提，殯儀行業的「同理心」並非一般的同情及憐憫，而是「自己經過人生的歷練，感受過喪親或失去朋友的傷痛後，了解到當時家屬需要什麼程度的幫助及關懷，繼而懂得轉化去幫助他們」。

　　要有心理準備經常要接觸或見到遺體，直接面對殘缺不全、腐爛的遺體及難聞的氣味，需要非一般的「勇氣」及「忍耐力」。

　　曾經有業內人士表示時辰八字會影響一個人是否適合做殯儀行業，但個人卻認為「個性及心理狀態」已可決定合適與否：性格開朗豁達，面對負能量的工作不容易受影響；反之個性陰沉、情緒不穩者，莫說要幫助喪親家屬，面對行業內不同範疇的人事關係，要處理日常工作已經困難！

　　最後，是最重要的「人緣」，良好的社交關係有助工作轉介。

殯儀業是否收入豐厚？

聽前輩及長生店老闆想當年，公眾忌諱「白事」，好人好者根本不會主動投身行業，長生店亦多數世襲經營。以往殯儀業的確賺錢容易，收入豐厚，不少人為了讓父母「風光大葬」，不惜借貸辦喪事，喪親家屬到長生店洽談亦不會討價還價。但時至今日，行業競爭激烈，包括修畢殯儀課程後衍生的那些非正式從業員、本地社福及志願機構對市民死後的支援增加；資訊發達令親友懂得相互比較，「豐儉由人」成為今天主流；疫情之後，喪禮更趨簡單，拜神信仰減少，更多沒有宗教信仰的喪禮安排……所以，現今行業從業員即使想獲得多些收入，也無從入手！

「殯儀業賺錢論」只是表面風光。喪禮費用銀碼大，不代表從業員賺取豐厚收入，很多時成本都落在殯儀館禮堂租金上。而且殯儀業務有季節性，夏天是淡季，冬天是旺季（源於長者及長期病患因寒冷天氣導致的併發症），加上農曆新年前後「新正頭」不辦喪事等，不同時期有不同的繁忙程度。淡季與旺季相比差異可以很大，絕對要「好天搵埋落雨柴」，積穀防飢。

至於「殯儀策劃師」、「殯儀經紀」是一門專業，心多用，籌辦及安排「沒有第二次」的工作，收入比一般人好些理所當然，但不穩定，需要默默耕耘。因此，每年都有不少新人滿腔熱誠地前來，意興闌珊地離開，失望而回，或只能當作副業。

筆者特別要為業內的「遺體化妝師」平反，街外人以訛傳訛，有一些誇張離地的誤解：有人認為每單遺體化妝，化妝師都能賺取幾千至過萬元收入。實情是每位先人化妝平均收費公價都只是 500 港元甚至更少，所以若大家認為先人經過專人處理妝容後，顯得特別安詳自然，鼓勵另行打賞！

入殮前先化妝，以其最自然安詳的面貌和後人作道別，被視為是對先人的尊重。

雖然說殯儀行業各崗位的收入大不如前，兼且入行困難，但主理喪禮最大的得著並非金錢，而是家屬透過從業員的協助可以令其釋懷，來自家屬真誠的感激及籌辦每一單繁複喪禮後的滿足感，這是無價功德！

借「殯儀」二字詐騙

新冠疫情令全球經濟變差，香港也不例外，不少人都想轉行或多賺一點收入；社交媒體的畸形生態，有人喜愛擦存在感。有人不時偽造殯儀行業招聘廣告，以豐厚薪金作招徠，利用大眾誤以為有渠道加入殯儀業這點，一為博存在感，引人注意，二為詐騙集團騙取個人資料。

好的工作根本不會長期招聘人手。「有良心」的長生店或殯儀中介會願意找來「無經驗的人」去從事「無法重來、無第二次機會」的工作嗎？以「殯儀」名義甚至利用別人的好奇心或同理心作招徠，這種宣傳手法只在於得到某些利益。有時可能並非直接牽涉金錢，也可以是廉價勞工，甚至是為了得到別人的讚賞、支持，吸引仰慕者、追隨者等。不需有經驗也能入行？甚至接觸遺體？疫情最嚴重時期，情非得已下可能有。所以大家看到有關招聘廣告，孰真孰假，大家自行判斷，別輕易對陌生人提供自己的個人資料。

業內人士對鬼神的一套理論

鬼故，哪有這麼多？絕大部分殯儀業內人士都會這麼說。有位在殯儀館工作了二十多年的服務生也說，從沒遇過靈異事件。我們並非以說「鬼故事」謀生，只是希望服務先人及協助其

先人逝世時未到 60 歲是不會掛上燈籠的，有燈籠在靈堂前表示先人長壽多福。

家人渡過難關，無必要裝神弄鬼，譁眾取寵。靈異事件並非沒有，不過都十分簡單及尋常，所以越恐怖的鬼故事就越假！

　　殯儀從業員是最直接接觸死亡的行業之一，喪禮涉及傳統儀式及宗教信仰。道教依然是華人信仰首位，當中牽涉有「死後世界」，所以大多從業員都接受有「鬼」，但並不懼怕，保持平常心處理日常工作全憑四隻字：「心安理得」。為先人及其家屬服務，只要憑良心工作、賺得其所、尊重先人，何懼之有？

　　至於敬神方面，輔助喪禮儀式的儒釋道三家師傅固然是最虔誠的，但我們工作人員亦有抱有三字：「敬如在」！出於誠心，就算我們看不見，但舉頭三尺有神明，平日都會懷著敬畏之心，望神明保佑工作平安。幾乎每間長生店都安放了神位供奉地藏菩薩、關帝、地主、土地公等，而且初二、十六會做禡還神，盂蘭節亦會燒街衣報施。

　　殯儀業內流傳一套理論：我們只是平凡人，從沒作惡害人，亦沒有其他特殊能力，例如通靈、陰陽眼等坊間認為能與靈界接觸的方法，靈界朋友自然沒有理由會跟著我們，除非我們做過一些不敬的事。總括而言，何懼之有！

殯葬儀式的意義

今時今日資訊發達，人人都有手機及電腦，網上找到的殯葬知識盡是似是而非的答案，對儀式意義一知半解的人依然佔大多數，不求甚解，以訛傳訛。例如：

「家裏有人過身，門口燃點的是招魂燭還是報喪燭？會否影響先人回家？」

買水是香港一般殯葬儀式重要的一環，寓意用金錢向河神買水為先人淨身，雖然過身但在世上沒有任何拖欠（虧欠）的意思。

「為何先人身分證上的歲數、傳統歲數及殯儀館靈堂門口燈籠上的歲數，三者都不一樣？」

「先人頭尾七與回魂夜是否同一樣東西？」

「破地獄的九塊磚瓦代表什麼？為何不是十八層地獄十八塊？」

入行以來，出於敬業樂業，自己從沒間斷去尋求、吸收這方面的知識，得到可靠的答案，於客人面前才能表現自己是一位專業的「殯儀策劃師」。但礙於篇幅所限，往後有機會再記錄傳統殯葬知識作為文化傳承，溫故知新，畢竟每個地方的殯葬

文化都隨著社會轉變而改變步伐。要輯錄入行十年以來的所見所聞,撇除忌諱,殯葬常識無需隱藏,但先賣個關子,之後再與讀者分享。

靈堂前的留名冊,記錄了家屬對來賓的感謝。

2.2 殯葬服務業市場學

　　就讓我們用一些簡單的市場學概念去嘗試了解什麼是服務行業。歐美流行生前規劃，長者普遍會為自己的後事作出預先規劃，殯葬供款計劃便是其中之一。香港雖然是一個先進的現代大都會，但這方面的起步遲了整整一個世紀。在歐美，在政府的規劃及協助下，殯儀業都需要向政府呈交一份報告以及財務保證，讓長者在生前參與殯葬計劃供款中得到保證，使其老有所終。

　　殯儀工作是服務性行業，客戶憑當時的實景感受（moment of truth）而作出對服務質素的評價。服務性行業有四個不同特質，跟工業產品服務有所不同（4I Theory, Inseparability, Perishability, Intangibility & Variability）：

1. 服務提供者的水準質素和顧客本身的背景和當時心情有著莫大的關係，甚至可以說這是相互關係，是不可分割的；
2. 提供服務的時間是有限制的；
3. 不能預先觸摸及看見尚品實物；
4. 人與人的關係，即提供服務者及接受服務者之間的不確定性。

首先，例如到達酒店 check in 時，同一個接待處員工以同一個服務態度，說出同一番的說話，對不同的顧客來說也可能有不同的感受，甚至可能差異甚大。「早晨先生，讓我來協助你辦理入住手續。」這一句標準的說話，對不同的顧客來說有不同的理解，有顧客可能覺得酒店職員非常有禮貌，亦可能有顧客覺得這番說話古板，甚至覺得欠缺服務誠意而不悅。所以說提供服務者和接受服務者有一定的關連，可能同一個提供服務者給予不同的接受服務對象有截然不同的感受；又可能同一個接受服務對象對不同的服務提供者有非常強烈對比的感受。

　　其次，提供服務的時間是有限制的，在同一個時段有數量上的限制，例如酒樓通常在中午 12 時至下午 2 時非常忙碌，未能再接收更多顧客，因為地方限制，不能無限量供應服務；反之在下午 2 時至 5 時，卻又門可羅雀，於是推出下午茶優惠（相對午飯時間收費較低），以吸引一班可以自我調節吃飯時間的消費者，補充非繁忙時段的需求。

　　服務性行業是不能觸摸、不能看見的，只能用主觀感受去衡量服務的質素，口碑就是其中一個非常重要的因素，有口碑才有轉介，有轉介才可令生意持續發展。一般殯儀業機構市場推廣部針對這個問題提供解決方法，嘗試使用小冊子、短片、模型等令客戶覺得有實質物品可以觸摸，滿足其對服務產品的好奇。

　　最後，不確定性是服務性行業最大的特質，即使是同一

個服務提供者對著同一位顧客，在不同的情況下也會有著非常大的差異，例如服務員自己的情緒、顧客的情緒和期望都會影響到服務質素，顧客的反應和服務提供者的態度有著非常重要的關係。在殯葬服務業中，最大的不確定性就是客人當時的心情，以及家庭中不同成員的關係。如何掌握當中關係，算是最難應付的不確定性。最關鍵莫過於找出「話事人」，即誰人負責付款，其餘的家庭成員則不需要太在意，當然也不可以開罪任何一位家庭成員。

由此可見，所有服務性行業必定會面對以上四個問題。建立人與人之間的關係是非常重要的，也是非常困難的，尤其是面對接受服務者心情沉重的情況下。再者，同行間不同崗位的緊密合作是必須的，以免出亂子。

第三章

入土為安‥墳場

3.1 昭遠墳場

　　昭遠墳場（Chiu Yuen Cemetery）建於 1897 年，位置就在今天的貝沙灣附近。雖然最近有報道表示，根據地契使用條件，昭遠墳場並不是一個私人墳場，而專供給歐亞裔的先人遷入，但實際上昭遠墳場由商人何東爵士籌建，故這墳場的墓主都跟何東家族有密切關係。

　　不少人都有以下問題：何東自己和其元配夫人卻又不是葬在這裏，到底是什麼一回事？墳場墓主有多顯赫？聞說賭王何鴻燊也葬於此，真的嗎？

　　要窺探神秘的昭遠墳場，必須先了解 1900 年香港的社會環境。當時聖公會傳教士施美夫（George Smith, 1815-1871）來華考察，以這樣一段文字形容當時的香港：「香港是一個鬼地方，氣溫炎熱、疫症肆虐、海盜橫行，居民衣衫襤褸，赤腳步行，物質非常缺乏。」

　　1846 年，香港島的華裔人口已增至約兩萬人，縱使他們都是華人，卻是來自不同的鄉村，語言不通令居民之間存在隔膜，他們操不同地方的方言：客家、番禺、南海、海陸豐乃至福佬話，異常複雜，不僅英國人與本地華人語言不通，就算華人之間也往往難以溝通，形成各自的小社區，甚至會為小小的利益發

生衝突而大打出手，尤其是潮州人更是一個十分團結的族群團隊。

當時在香港的歐裔人士，尤其是英國人，基本上都是來自上流社會，而華人除了小部分精英之外，基本上都是草根階層。但夾雜在華人與歐洲人之間有另一個階層 —— 歐亞裔人士（混血兒）。用今天的眼光來看，混血兒都是被羨慕的一群，因為通常他們都被公認為漂亮的一群，輪廓鮮明，身材出眾，得天獨厚。可惜在 19 世紀初，這班非華非歐的人士，不被華人認同，不能融入華人社會；另一方面，雖然能夠操流利英語，但又不是正式的純種歐洲人，不被歐洲人視為自己人。於是就出現了「歐亞裔」這個新族群，夾在華人和歐洲人中間。

昭遠墳場入口處的石碑

何東是何方神聖

何東爵士籌建了昭遠墳場，但他自己和其元配夫人卻又不是葬在這裏，到底是什麼一回事？何東又葬在哪裏？

何東本人並不是葬於此地，因為何東本身是基督徒，所以他過身後和太太同葬在跑馬地香港墳場。值得一提的是，何東爵

何東爵士夫婦墓地

士夫婦墓地側有一個小墓碑，其實就是他們夫婦的僕人，因為賓主關係密切，獲落葬於香港墳場，可見何東爵士的情義。

　　坊間關於何東爵士的資料實在不計其數，簡單地說，何東富甲一方，是第一個擁有華人血統而被批准住在中環半山區的人。何東父親為猶太裔荷蘭人，母親為華人，其後他的父親入籍英國。而何東太太則是華人。何東雖然擁有歐洲人的面容輪廓，但對於中文，尤其中文書法很有造詣。何東擁有的財富，足以達到當時香港政府十多年的稅收。

昭遠墳場內的墓主有多顯赫？

1. 何鴻燊（1921-2020）

近代香港人沒有人不認識賭王何鴻燊。何鴻燊生於 1921 年，卒於 2020 年，享年 98 歲，有報道指出，何鴻燊出殯之日包辦了北角的香港殯儀館三層所有房間。為避免騷擾何家辦喪事，閒雜人等不得內進，派頭盡顯。

2. 何世禮（1906-1998）

1906 年 5 月 15 日，何東髮妻麥秀英之表妹張靜蓉為何東誕下何世禮，為何東爵士第三子。何世禮精通中英文，受過正式軍訓，曾為奉軍張學良之參謀官，因為外表一副歐洲人面孔，完全不像華人，在軍中不多不少受到排斥和不信任，雖然出身非常顯赫，但在軍隊仕途上並不是一帆風順。他承繼了父親何東擁有的《工商日報》，先後擔任董事長及社長，及後又創辦《工商晚報》。何世禮直接參與管理《工商日報》、制定編輯方針及審稿，報紙在其手中成為親國民黨的報紙。二戰後，他隨國民黨遷移至台灣，後回流香港，主理當時佔地甚廣的台灣民生物產公司（今日荔枝

荔枝角道旺角維景酒店及其地面商場

角道旺角維景酒店位置）。1998 年 7 月 26 日，何世禮在香港山頂何家大宅中逝世，享年 92 歲，結束其充滿傳奇色彩的一生。

台灣民生物產公司現址是旺角維景酒店的地面商場，主要售賣台灣產品，何世禮回港後主理這間百貨公司。該百貨公司是國民黨在香港營辦的百貨公司，也是國民黨的黨產。

3. 何甘棠（1866-1950）

何甘棠是富商何東及何福的同母異父之弟。何甘棠基本上沒有歐洲人血統，完全是一臉華人面孔。何甘棠擁有的居所甘棠第於 1914 年興建，2004 年甘棠第改建為孫中山紀念館，建築物內部富麗堂皇，糅合了巴洛克及洛可可風格的建築特色，在當時物質不太富裕的香港，甘棠第的佔地和氣派，簡直鶴立雞群，一時無兩。地庫至二樓以寬闊華麗的樓梯連接，梯上設有精緻的欄杆。房間的天花裝飾均有以金箔點綴的灰塑鑲板，而主樓梯及其他當眼位置亦裝設了色彩斑斕的玻璃窗，及有嶄新藝術風格的圖案作為裝飾。何甘棠有合共 12 個妻妾，子女多達三十多位，其三女何愛瑜是著名武打明星李小龍生母，即何甘棠是李小龍外公，何東是李小龍的曾外祖父。何甘棠一生中曾四次獲得國民政府授予的嘉禾勳章。單從上面的簡單描述已經可以想像當時何甘棠的財富和社會地位。

除了何氏家族，香港不少名門望族的後人長眠於昭遠墳場，例如羅旭龢家族。

3.2 猶太墳場

　　根據非正式統計，目前大約有五千名猶太人長期居住香港，主要從事商業活動，其次是專業人士，例如律師及會計師等。雖然香港猶太人佔人口比例不高，但卻擁有自己的宗教墳場，可以估計猶太人在香港的影響力實在不容忽視。19 世紀中葉，大部分在港猶太人，都是跟隨英國人來到中國經營商業活動。由於宗教問題，當時的猶太人在中東一帶常被歧視和迫害，有部分遷移到英國的殖民地印度，隨著環境變遷，該批猶太人便跟隨英國商人到香港甚至內地發展。猶太人一向被視為頭腦靈活、學識廣博，學習語言能力很強，在商界長袖善舞，與英國人亦沒有宗教上的衝突，能穿梭於華英上流社會之間，奠定了早期族人在香港社會的顯赫地位。

嘉道理家族墓碑

建於 1855 年的香港猶太墳場（The Jewish Cemetery），坐落於跑馬地山光道 13 號，與香港賽馬會跑馬地會所為鄰，由沙宣爵士出資購買土地及興建，用作埋葬在香港身故但又沒有送回出生地的猶太人。沙宣是一個猶太姓氏，沙宣爵士的父親出生於伊拉克巴格達，家族是猶太血統，後來因政治原因逃到印度孟買開始經營沙宣洋行，沙宣爵士後跟隨英國商人到中國發展。時移世易，清政府割讓香港島予英國政府，於是沙宣扎根香港成立公司，主要經營棉花及鴉片生意，更有銀號（銀行）、航運業和碼頭倉庫等生意，獲利甚豐。前文提及，猶太人頭腦非常靈活，而且語言能力非常之強，除了其母語希伯來語之外，一般都能操幾種語言，據聞沙宣爵士就能操流利英語、阿拉伯語、國語和印地語。

　　大概大家都曾聽過香港有一條街道名為沙宣道，可以推測當年沙宣家族對香港有深遠的影響力，亦可見當時的猶太人在香港有多大的權勢。在香港顯赫的猶太人又何止沙宣家族，下文將逐一討論香港顯赫的猶太家族。

非富即貴的猶太族群

　　墳場的土地由沙宣爵士向當地居民購買，於 1858 年正式獲得港英政府批出租用權，租金為每年 4.2 先令，土地租借期限為999 年。猶太墳場曾多次申請擴建，1904 年終獲得亦為猶太裔

1 庇理羅士夫人 Simha Belilios 的墓碑
2 猶太墳場中央的水池仍然有人打理，噴泉正常運作。

的港督彌敦爵士批准，擴建現時墳場的東南面，再沿山坡加建了數層。

現時墳場入口處上面有一道中式橋，而墳場左右兩旁分別是東蓮覺苑和寶覺小學，橋樑橫跨入口處連接的兩座建築物，如果沒有細看，可能以為猶太墳場是這兩座充滿中國古典建築特色的一部分。猶太墳場入口處有兩座大門方柱，都刻上了猶太教標誌「大衛之星」(Star of David)，綠色閘門充滿歐洲色彩，入口是一條寬闊平坦的長走廊，走廊的盡頭有一座白色牆身尖頂小建築物，綴以啡色木門，據說這建築物是一座小教堂，平時不會使用，只在舉辦喪禮時開放。據香港 YouTube 頻道 MIHK.tv 的說法，猶太墳場內的小教堂叫「利雅堂」，但經過多方資料查證，未能肯定這說法。另外在香港猶太歷史學會（The Jewish Historical Society of Hong Kong）的網頁中，亦未能證實這座位於猶太墳場內的小教堂的名稱，網頁只是用小教堂（chapel）來形容。小教堂因幾番受到颱風吹襲，嚴重潮濕及漏水，不久前曾重新維修，裏面長期放置抽濕機。小教堂已被評為香港三級歷史建築，不能隨便拆卸及搬遷。根據資料顯示，小教堂大約於 1857 年前後建成，內裏收藏珍貴聖經羊皮手抄卷、藏經櫃及猶太聖燈等，可惜筆者未能約到香港猶太教莉亞堂慈善基金作有關拜訪，親眼看到這些珍貴的文物。

小教堂後面，是一個小殮房，作清潔及包裹屍體之用。再往前走，右邊是草地，草地旁是辦公室和休息空間。墳場為花園

嘉道理家族後人
Lawrence Kadoorie
之墓

式設計，噴水池設於墳場中央，以方角及圓角形狀圍成水池，
中央有水流向四方，拜訪墳場當日，筆者見到噴水池仍然正常運
作，流水淙淙。在和當日墓地工作人員的閒談中，了解到這裏平
日人流稀疏，門外亦沒有掛著牌子說明開放時間及日期，一般人
都以為這是私人地方而駐足。

猶太葬禮習俗

　　依照猶太人習俗，葬禮最理想是於在死者過身後 24 小時內
舉行，但礙於香港的實際情況，例如領取死亡證、辦理領屍紙等
程序，還有靈車、土工和堂棺等安排，一般都會在死者過身三日
後才入葬，時間上的安排與回教非常接近。猶太教主張簡約潔
淨，沒有嚎啕大哭的儀式，也沒有浮誇鋪張的靈堂擺設，基本上

墓碑中央刻上了「大衛之星」，留意在墓碑的右上方有一粒小石，代表剛剛有後人致祭。

只需安排七枝蠟燭台、《聖經》和白布作擺設。不單喪禮儀式如此，大部分猶太教的墓碑也十分簡單，但風格各有不同，如棺木式、折口圓柱式和柱狀層疊式等；但比較常見的是塞法迪猶太人（Sephardi Jews）的「L」式石碑。墓園內的墓碑大都充滿著雕刻藝術，每根墓柱都帶有藝術建築元素，園內墓碑大都以高級石材建成，如花崗石、打磨精細的麻石和粉紅色雲石等，有些墓碑更有麻石上蓋和扭花鐵欄，更顯高雅莊嚴。

猶太墓碑多刻有象徵猶太教的六角星 ——「大衛之星」，是一個由兩個等邊三角形重疊而成的六角星，是現時普遍被認同的猶太教象徵。此外，猶太人拜祭先人時，會在墓碑上擺放石頭，以示後人對逝者的尊敬和思念。擺放石頭是代表當日先祖亞伯拉罕奉獻他的兒子給上帝，其兒子所躺的石頭被視作世界的基礎；加上石頭十分堅固，代表永恆的生命，比其他拜祭品如花

朵等都來得更神聖及有意義。除非某些特殊原因，例如土地局限，否則大多數墓碑都朝向聖地耶路撒冷方向，因猶太人相信他們死後可回到聖城，步往天國。

猶太人在以色列建國之前（1948 年），散居世界各地，在港猶太人祖先亦不例外，所以來自不同地區的猶太人，墓葬風格均有所不同。香港猶太墳場中，有分屬俄國猶太人及中東猶太人的墓地。石碑上刻有以希伯來文和英文寫成的資料，包括死者的名字、家庭、死亡年份和年齡。自殺身亡的猶太教徒會被葬在墳場外面或墳場後牆，因為在猶太教的教義中，自殺行為代表醜惡、對抗神的旨意和犯罪，不能享有像一般教徒般被埋葬的權利。自殺者不能葬在距離墳場六英尺範圍之內，但因為香港猶太墳場四周都是山坡，而且非常接近其他宗教團體及民居，所以只好將其埋葬在墳場後牆，實在悲涼。

這個墳場成立年代久遠，當時的石碑和墓地製作一般較為普通，香港華人文化水平及教育程度不高，而且不懂希伯來文，工匠在與猶太人溝通上有一定的困難，所以墓碑文字出現了很多文法或設計上的誤差，例如姓氏及名字逆向書寫（希伯來文應從右至左閱讀），及其英文名

猶太墳場中的主禮安息教堂「利雅堂」

字填上了希伯來文等等。

埋葬於此墓園的，除了三大猶太族裔，還有在香港比較著名的猶太商人 Ira Dan Kaye，他就是建立 UA 電影院線的老闆。

香港的猶太家族

在香港的猶太家族不少，至今最有名的猶太家族要算擁有中華電力有限公司的嘉道理家族、斥資興建猶太墳場的沙宣家族，和庇理羅士家族。另外曾經叱咤香港的猶太人亦包括何東爵士和擁有猶太血統的港督彌敦爵士。

1. 何東家族
其實何東爵士的父親何仕文是於荷蘭土生土長的猶太人，後來入籍英國，來到香港發展，跟香港華人生子，何東生母施娣籍貫中國廣東寶安，所以只能說以華人身分自居的何東爵士是歐亞混血兒，並不完全是猶太裔。談到何東爵士，他曾斥資自建昭遠墳場，不過他卻長眠於位於快活谷的香港墳場（俗稱紅毛墳場）內。

2. 嘉道理家族（Kadoorie Family）
提到嘉道理家族，嘉道理農場最為人熟悉。嘉道理家族和沙宣家族一樣，都是來自伊拉克巴格達的一個猶太家族。18 世

紀中葉，老嘉道理的兩個兒子艾利·嘉道理（Elly Kadoorie）和埃利斯·嘉道理（Ellis Kadoorie）從上海抵港投靠遠房表親沙宣，在同族親戚的協助下，於香港的股票市場打滾。因時制宜，在當時英國人掌權的香港，因跟英國政府及王室關係甚佳，嘉道理家族於 1908 年取得中華電力公司的控股權，從此奠定其家族在香港上流社會的地位。於 1890 年代開始持有香港大酒店，旗下的香港上海大酒店集團目前在世界各地擁有約 13 間酒店，遍佈亞洲、北美洲和歐洲，最為香港人所熟悉的算是位於九龍尖沙咀的半島酒店；集團同時擁有淺水灣映灣園、半山凌霄閣、山頂纜車、大班洗衣及位於中環心臟地帶的香港會所等資產。家族還有投資興建紅磡海底隧道及深圳大亞灣核電廠等。由此可見，嘉道理家族在香港的財富和影響力十分大。

家族地位顯赫，當然少不了要跟慈善事業和政治扯上關係，1940 年代末，大量難民從中國內地湧到香港，家族為了協助香港政府解決難民食物短缺及自力更新問題，於 1951 年成立嘉道理農場輔助會，以免息貸款的方式資助居民成立農場，以提升農業技術，同時亦提供灌溉系統、道路、養豬技術等技能教育。於 2000 年前，香港社會已經成功轉型為服務型經濟，大量工廠北移中國大陸，農業更加式微，在這情況下，嘉道理農場便更改其社企責任，主力推廣環保意識及生態保育。1993 年，家族的第三代接班人米高·嘉道理爵士（Michael Kadoorie）接手家族業務，穩守中電及酒店集團等業務，在政治方面參與並不多，他在香港回歸後的 2003 年獲政府頒發金紫荊星章，在

2023 年獲國務院港澳辦主任夏寶龍接見，但就罕有在公開場合討論政治及社會議題，專注其商人身分。

葬在猶太墳場的嘉道理家族名人有埃利斯‧嘉道理，1891年，他創建了官立嘉道理爵士小學及官立嘉道理爵士中學，最為後人所熟悉。埃利斯‧嘉道理的兩個姪子 Horace Kadoorie 及 Lawrence Kadoorie 都長眠於這墓園。

3. 庇理羅士家族（Belilios Family）

香港顯赫有名的猶太裔人，非他莫屬。庇理羅士（Emanuel Raphael Belilios, 1837–1905）在港督軒尼詩爵士在任期間，曾任香港立法局議員，1876 年被推為滙豐銀行主席。其在山頂區的豪華住宅，當時成為一時佳話，由於山頂與市區的距離遙遠，有說庇理羅士不用轎夫，而用駱駝代步，氣派豪邁。

庇理羅士女子中學（Belilios Public School）於 1893 年創辦，1965 年遷往港島北角天后廟道，是香港一所官立女子中學，為紀念著名猶太裔商人庇理羅士捐資助學而命名，該校多年來為香港培養了不少名媛、高官及藝人。

庇理羅士亦是跟隨英國人從印度來到香港營商，主要經營鴉片及其周邊生意，在積聚財富之後大力發展地產、金融及銀行業。庇理羅士曾擔任香港上海滙豐銀行董事，在香港擁有非常多的物業，包括：中環炮台里莊士敦樓、皇后大道中柏拱行等。在

1 猶太墳場小教堂旁邊的小屋就是臨時殮房，供逝者淨身之用。

2 庇理羅士於 1896 年在堅尼地台興建皇座樓，是一糅合印度與拜占庭風格建築的
皇宮大宅。（圖片來源：張順光先生）

社會事務參與方面，亦曾擔任定例局議員（今稱立法會）。

鴉片戰爭結束後不久，就有第一批猶太人到中國經商，後定居香港。他們大多在廣州從事鴉片買賣貿易，到 20 世紀初期，在港猶太人開始涉足其他生意，例如銀行、房地產、船運和紡織業。這些猶太人雖然獲得英國國籍，但並未被同化為英國人或者華人。隨著移民人口擴張，猶太人也建立了自己的社群，猶太墳場的建成便是一個很好的例子。

猶太族群在以色列建國之前散居在世界各地，尤其是在歐洲和中東一帶。其實在港的猶太族群同樣因為族人來自不同地區，而有不同的生活習慣和價值觀念，彼此在合作之餘亦有爭執。庇理羅士的故事正好反映當時香港猶太社群的複雜面貌。要了解當時在猶太族群的爭執，就要知道一些簡單的背景。

在港的猶太族群，包括塞法迪猶太人（Sephardic Jews）及阿什肯納茲猶太人（Ashkenazi Jews）。塞法迪猶太人通常來自阿拉伯地區，大多是從事商業活動的商人，相對比較富裕。阿什肯納茲猶太人則主要來自印支半島一帶，普遍較為貧困，只能夠做一些較基層的工作，例如看更、清潔工、酒吧侍應等，有婦人甚至成為妓女。庇理羅士熱心慈善工作，但亦因此而與塞法迪猶太人社群越走越遠。其中一個衝突處是興建新猶太會堂一事，庇理羅士希望新會堂可以接受阿什肯納茲猶太人，可是卻被沙宣家族反對，當時有塞法迪猶太人認為阿什肯納茲猶太人外貌寒

酸，會令他們在這富裕的半山社區沒有面子，最後庇理羅士也辭去新猶太會堂基金會的職務。

由於庇理羅士後人大多已離開香港，而且放棄經商，轉往專業發展，在 20 世紀初期庇理羅士家族在香港的影響力已經式微，到今天甚至可能不被人認識。落葬在猶太墳場的庇理羅士家族名人有大衛・庇理羅士（David Belilios）及其妻子和兒子。

4. 沙宣家族

沙宣家族的崛起，要追溯至 18 世紀中葉。大衛・沙宣（David Sassoon）在印度孟買因得罪當地的英國當權者，逃難至香港，繼續經商並重新建立其事業，經營範圍小至棉花，大至鴉片。大衛・沙宣長袖善舞，在黑白兩道、中英之間皆掌控得恰如其分，靠攏英國權貴之餘，亦跟華人分銷市場保持密切關係，使其鴉片生意越做越大，成就了其家族在香港的商業王國。後來，因鴉片已經逐漸被其他商品取締，家族生意在 19 世紀已經擴展至從中國出口蠶絲、茶葉及皮革往歐洲，從印度輸入布匹、金屬、香料等商品到中國。

1900 年，大衛・沙宣的兒子伊利亞斯・大衛・沙宣（Elias David Sassoon）在羅便臣道，即現時雍景台旁邊的土地興建香港唯一最有規模的猶太教堂莉亞堂以紀念其母親莉亞。莉亞堂樓高兩層，採古典主義建築色彩，由十根石柱支撐整幢建築物，糅合中世紀西班牙及東猶太的建築風格設計，左右有八角形塔

樓,中軸對稱。莉亞堂正中央是祭台所在,祭台面向會堂盡頭是藏經庫,其內放置了手抄《摩西五經》的銀筒。祭台兩旁的木椅為年長信徒而設,前廳左右塔樓內有木樓梯可以通往露台,從露台可以望到中間的祭台,供婦女在舉行宗教活動時使用。現時在莉亞堂附近住了很多家境富裕的猶太人,形成了一個在港猶太人小社區。

沙宣家族雖然曾在香港擁有非常龐大的影響力,甚至沙宣道以其命名。但時至今日,由於種種原因,例如在政界發展、走向專業、離開香港、家族成員不結婚生育等原因,令沙宣家族在香港的商業王國不斷萎縮,甚至很多香港人都不知道沙宣家族在香港曾有的顯赫成就。

猶太墳場中的墓碑有不同的設計

3.3 聖彌額爾墳場

聖彌額爾墳場的由來

　　1843 年，田土廳廳長哥頓（A. T. Gordon）提出一份關於香港城市發展的藍圖建議書。根據這份建議書，哥頓建議將黃泥涌定位為城市的中心區，同時將中環和中半山開闢為政府山，並將皇后大道以南發展成華洋住宅區。港英政府當時接受了哥頓的大部分建議，以開發港島北岸、政府山和黃泥涌區為重點城市發展方向。然而，政府駁回了將黃泥涌定位為城市中心區的建議，理由是由於黃泥涌谷地地勢低窪，容易受到沼澤瘴氣的影響，因此最終未將黃泥涌谷地劃為城市中心區的開發區域。

　　「黃泥涌谷」，又稱「快活谷」（Happy Valley）或「跑馬地」，1844 年，港英政府進行了一項排水改善工程，將黃泥涌地區進行了平整，並建造了至今仍在使用的快活谷馬場。在香港開埠初期，衛生環境極其惡劣，外國人對於亞熱帶病毒的知識非常有限，士兵和傳教士因疾病而死的情況非常普遍。因此，墓地的需求引起了廣泛關注。

　　1842 年，若瑟神父（Theodore Joset, 1804–1842）來到香港，向政府申請了一塊供天主教徒安葬的墓地。政府隨後批准了這項申請，並分配了現時位於灣仔聖佛蘭士街和秀華坊向山一帶

1 聖彌額爾墳場入口
2 聖彌額爾墳場內觀

的土地給天主教教會作為墓地使用。次年，副監牧陸懷仁神父（M. Navarro, 1809-1877）再向政府提出分配墓地以應對士兵死亡率高的問題。於是在 1845 年，政府再次批准了這項申請，將位於西灣（現今柴灣）的土地分配給天主教教會。

隨著香港人口急劇增加，教會再次申請另一塊墓地以滿足墓葬需求。1848 年，政府批出了位於黃泥涌香港墳場以北的土地給天主教教會，每年象徵性地收取一元正的租金，租期為 999 年。當時的條件是要求教會停止使用灣仔墓地，並將相關土地交還給政府。這塊位於黃泥涌的墓地，就是今天的聖彌額爾墳場。

墳場內部

墳場內安葬了不少 19 世紀的亡者，從這些墓地可了解到 19 世紀香港的社會情況，以及天主教在當時的發展狀態。修會和傳教會是天主教早期在香港發展的主要動力，不少修會和神職人員都葬在此處。以下將介紹一些有名的修會墓地及天主教名人墓地。

1. 沙爾德聖保祿女修會（Sisters of St Paul de Chartres）

首先遇到的修會墓地是一個長方形的合葬墓，墓碑整齊地圍繞著墓地排列。墓碑上豎立著一個十字架，左右兩邊有一對天使。這是屬於沙爾德聖保祿女修會的墓地。在 19 世紀中葉，中

沙爾德聖保祿女修會
墓地範圍

國面對列強入侵及太平天國的戰亂,香港成為了無數內地難民的
避難所。大量的難民湧入,生活困苦,同時社會上的棄嬰問題
十分嚴重。當時的修女不僅傳教,還承擔起教育和照顧棄嬰的
工作,傳遞福音。不幸的是,在惡劣的衛生環境中,許多修女
因工作而感染疾病,在二三十歲就犧牲了自己的性命。然而,
憑藉信念和理想,一批又一批的修女仍然毫不猶豫地前來履行
她們心中的使命。此後,聖保祿女修會創辦了聖保祿學校、聖
德肋撒醫院和聖保祿醫院,致力於傳播福音,推動香港的教育
和醫療發展。

2. 嘉諾撒仁愛女修會（Canossian Daughters of Charity)

嘉諾撒仁愛女修會於 1860 年來到香港開展服務,最初修女
們寄居在天主教信徒 Leonardo d'Almada e Castro 的家中。隨
後,得到他的慷慨捐助,修道院在堅道建成。嘉諾撒修女們在香

港主要從事教育工作和社會服務，她們在堅道創立了意大利修會學校（Italian Convent School），即現今的嘉諾撒聖心書院。

在嘉諾撒仁愛女修會墓地的墓碑上，可以發現一位名叫雅雷詩（Emily [Aloysia] Bowring, 1833–1870）的修女。她是第四任香港港督寶靈的女兒。作為一名英國人及港督的女兒，她信仰天主教的故事相當曲折。當時正值 19 世紀，英國發生了牛津運動，許多新教教徒重新信仰天主教，其中包括寶靈的兒子，也就是雅雷詩的哥哥。寶靈本身

嘉諾撒仁愛女修會墓地範圍

是一位新教徒，為了避免女兒重蹈兒子的覆轍，當他出任港督時，將雅雷詩帶到香港，希望她遠離牛津運動的影響，不會轉信天主教。然而，雅雷詩對自己的信仰十分堅定。當時香港居民的社會環境惡劣且困苦，她反而找到了自己的使命。當寶靈的任期結束準備離開香港時，雅雷詩故意隱藏自己，最終留在香港，並加入了嘉諾撒仁愛女修會。她留在香港從事教育工作，先在意大利嬰堂學校的英語部門任教，後來成為該校的校長。可惜的是，其後她因感染瘧疾而去世，年僅 37 歲。

3. 神職人員墓地

香港天主教的神職人員墓地位於墳場的十字路口中心，靠近教堂的左側。墓地中央矗立著一座銅製十字架的墓碑，突出於

1

2

3

4

1 穆若瑟神父墓碑及墓地範圍
2 3 4 墓園中還葬有其他許多人們熟悉的已故天主教主教和神職人員，
如楊鳴章主教等。

其他神職人員墓碑，這是穆神父（J. Burghignoli, 1833–1892）的墓地。穆神父是 19 世紀中後期香港代牧區的副代牧兼宗座傳信部駐華總務長，深受當時的葡萄牙人敬愛。在他去世後，葡萄牙人為了紀念他，在墓地上建了一座金屬十字架，作為對穆神父貢獻的永久紀念。

4. 基督學校修士會（De La Salle Brothers）

基督學校修士會（又稱喇沙會）的修會墓地，位於聖彌額爾聖堂的右側，是一座祭台式的石墓。石墓的石台上刻有一個星形符號，這是基督學校修士會的標誌，象徵著信仰的光芒。喇沙會是由聖若翰・喇沙（St. John de La Salle, 1651–1719）於 1684 年在法國創立。該修會 1875 年來到香港，首批傳教士包括來自馬賽、巴黎和倫敦的修士。當時，他們的首要任務是接手聖救主學校（St. Savior School），後來改名為聖若瑟書院（St. Joseph College）。

5. 聖堂與神職人員骨殖場

聖堂位於墳場的中心，是一座圓柱形建築，頂部呈半圓形，象徵最神聖的地方。在聖堂正面的屋頂上，刻有拉丁文的「PAX」，代表平安。進入聖堂內部，可以看到羅馬式建築風格，以圓拱形結構為特色。聖堂不僅用於舉行安息禮等教會儀式，過去還有地下室用於安放神職人員的骨殖。在聖堂內的牆壁上，刻有早期葬於聖彌額爾墳場的神職人員的姓名。由於地下室容量不足，所有神職人員的骨殖後來被轉移到聖堂後方的粉紅色骨殖牆

1

2

3

1 聖堂外貌
2 3 神職人員骨殖場

內，方便教徒和公眾悼念。

離開聖堂，前往聖堂後方的高聳骨殖牆，可以看到許多神職人員的骨殖位。在骨殖牆的中央，有一個十字架浮雕，上面刻著耶穌名字的縮寫「IHS」。埋葬在這個地方的 19 世紀神職人員包括若瑟神父、高主教（Timoleone Raimondi, 1827–1894）、譚神父（Antonius Tam, 1857–1875）等。

6. 華人墓地

根據人口比例，19 世紀葬於聖彌額爾墳場的華人信徒數量非常有限，只有 32 座墳墓中安葬了 40 位華人。然而，這個現象並不能完全反映當時華人信徒的數目。其中一個原因是華人對鄉土的情感。當時大部分內地移居香港的華人居民都視香港為暫時居住之地，由於中國人有重視家鄉的觀念，他們不希望死在異鄉，所以每當有健康問題或年老不適時，他們都會提早返回故鄉。而在港逝世的華人，大多由親友安排回鄉安葬，因此許多華人天主教信徒也可能選擇回鄉安葬，而不是葬於天主教墳場內。這 32 座華人墓地，代表了他們選擇以天主教的殯葬和悼念儀式處理身後事，而不是中國傳統的殯葬禮儀，反映出當時西方宗教文化傳入對華人思想的影響。

在聖彌額爾墳場內，大部分華人信徒的墓碑採用了香港常見的設計，即在一個豎立的長方形石碑上用中文刻上亡者姓名、聖名、出生和死亡日期，以及立碑者的姓名。楊永康是一

個典型的華人信徒墓碑例子，他的墓碑由兒子錦宗、欽宗、銘宗、銓宗，以及孫兒鴻發、鴻章、鴻振、鴻昌、鴻安、鴻謙、鴻賢、鴻鑽等人立下，表達了整個家族對祖先的敬意。然而，在華人墳墓中也有跟隨西方墓碑風格的，比如吳春華夫婦的墓碑是十字架形的，並附有中英文碑文。

雕塑形象與碑記符號

1. 石柩

石柩具有「等待」的象徵意義，代表著等待末日的來臨，人們從死亡中復活，並面對上帝的審判。在西方墳墓中，石柩常被用作大型墓碑中稱為靈柩台的一部分。石柩通常放置在墓碑的中央，上面可以放置亡者的雕像。在聖彌額爾墳場，最常見的石柩形式是箱型和屋脊型。

石柩

2. 天使

天使（Angel）一詞指的是天主的使者或送信者（messenger），新舊約《聖經》中都有提到天使。基督宗教中的天使傳承自希伯來文的舊約《聖經》。在〈創世紀〉中，神派遣「革魯賓」（Cherubim）手握四面轉動噴火的劍，守衛通往生命樹的道路。此外，聖彌額爾（Michael）作為忠於天主的天使領袖，戰勝了撒旦並將其從他們當中驅逐出去。

墓地中的天使雕塑栩栩如生

3. 錨

在西方文化中，錨被廣泛用作海軍和船員的象徵。錨的象徵意義源於其在船上的功能，它能穩定船身，減少船隻在海浪中的危險。因此，在基督宗教的傳統中，錨被視為對信仰堅定不移的象徵，也代表耶穌對世人的救贖的證據。它象徵著希望和安全，為信徒提供穩固的支持和保護。

4. 石柱

折斷的石柱象徵著生命突然終結所帶來的哀痛。對於天主教徒而言，斷柱不僅象徵著生命的逝去，他們還相信在虛空中存

折斷的石柱

墳場中心的聖堂，呈半圓頂部的圓柱形建築物，象徵最接近神聖的所在。

在著另一半無形的柱子，直接延伸至無窮無盡的天堂。這象徵著對死後永恆生命無盡的信念和託付。

5. R.I.P.

拉丁文原文「Requiescat in pace」的英譯是「May he/she rest in peace」，意思是希望他／她在平安中安息。

希臘文中，基督的名字「ΧΡΙΣΤΟΣ」前兩個字母是「ΧΡ」，這兩個字母疊在一起，象徵基督（Christ）。

6. INRI

拉丁文縮寫「INRI」代表的是「Jesus Nazarenus Rex Judaeorum」，它的英譯是「Jesus of Nazareth, King of the Jews」，意思是耶穌基督是納匝肋的人，也是猶太人的君王。

3.4 聖十字架天主教墳場（天使花園）

　　天使花園是香港柴灣聖十字架天主教墳場內的特定區域，專門安放父母至少一方為天主教教徒，懷孕不滿 24 週的流產胎兒遺骸或骨灰。

　　柴灣聖十字架天主教墳場將採取以下方式處理胎兒遺骸：父母需將胎兒遺骸放入可降解容器中，容器的最大尺寸為 110 毫米寬，230 毫米長，110 毫米深，底部約在相連土地以下的 300 毫米處，整個容器將放入一個無底的長方形腔室，頂部蓋上雲石石板以防止氣味外溢。墳場不會為個別胎兒豎立墓碑，不過紀念花園範圍內設有紀念牆，父母可以選擇在牆上展示他們胎兒的名字，以作紀念。

　　第一階段的紀念花園（天使花園）由時任教區建築及發展委員會的成員張勵繡女士擔任設計師。這座花園不僅是流產胎兒的安息之所，也是胎兒的父母和家人能夠釋放傷痛、平伏心情的地方。未來，這個花園還將成為生死教育的場所，以增進天主教信徒的信仰成長和希望。

設計元素

天使花園的設計主要包括三個元素：

1. 天籟之音

通往花園的樓梯，用作穩定斜坡的直管和樓梯重新上色和加上圖案，仿造笛管和琴鍵的形狀，營造出平靜和寧靜的氛圍，以望父母能夠在內心找到平靜，手持著安放著胎兒遺骸的容器，伴隨著天籟之音，緩緩登上樓梯，到達胎兒永久安息之地。

通往天使花園樓梯的一邊

2. 媽媽懷裏

象徵過早離開母體的胎兒將平安地回歸天使花園的「母體」內。三個樹圈代表母親最溫暖、最隱密的地方；在這裏，胎兒的遺骸得到安放，就像在天主和天使的保護下，從母親的身體平安轉移到這個花園的「母體」之中。

3. 天使翅膀

第一階段的天使花園位於四個級聯平台之上，這些平台就像天使的翅膀一樣，保護著胎兒和整個花園。

1 一座天使抱著嬰孩的聖像
2 天使翅膀像
3 一道紀念牆，胎兒父母可選擇把胎兒名字寫在牆上作紀念。

此外，在第一階段的天使花園旁邊，設立了一座天使抱著嬰孩的聖像和一道紀念牆，胎兒的父母可以選擇在紀念牆上展示胎兒的名字，作為紀念。

胎兒遺骸不會有特定的墓地。墳場委員會預計，在五年內，這些胎兒遺骸將完全生物降解並融入自然環境中，因此不需要挖掘，而是可以永久存放在紀念花園內。已使用的紀念花園將每五年重新分配使用。

安放流產胎兒之紀念花園（天使花園）的設立事件年表

日期	重要事項
1960 年	墳場啟用。
	按私營墳場規則提供棺葬、骨罈位及灰罈位服務。
2017 年 5 月 22 日	一對天主教夫婦欲將流產胎兒安葬於柴灣天主教墳場。
	按法例，胎兒須獲發表格 13 方可安葬墓地。
	因胎兒只有 15 週，未能安葬於墓地；按現行法例，政府只能以醫療廢物方式處理。
	基於教會信仰，胎兒為有尊嚴之生命個體，因此天主教墳場委員會向食物環境衛生署署長申請特別許可安葬胎兒。
2017 年 5 月 25 日	食物環境衛生署拒絕有關申請，但建議天主教墳場修改墳場規則，加入存放胎兒遺骸之方式。

2017 年 5 月 31 日	墳場委員會向食物環境衛生署遞交新修訂之墳場規則，內裏加入存放胎兒遺骸之條款供審批。
2017 年 6 月 6 日	墳場委員會補充資料給食物環境衛生署，提供有關存放胎兒遺骸之位置及方式。
2017 年 6 月 8 日	食物環境衛生署派員往墳場視察存放胎兒遺骸選址。
2017 年 6 月 15 日	食物環境衛生署批准柴灣墳場可供存放胎兒遺骸，惟委員會須再修改墳場規則及提交收費申請。
2017 年 6 月 16 日	委員會補充修訂後之規則及存放胎兒遺骸之收費水平。
2017 年 6 月 24 日	首名胎兒遺骸存放於柴灣天主教墳場之紀念花園（天使花園）。
2017 年 7 月 3 日	食物環境衛生署正式批准墳場規則修訂版及存放胎兒遺骸收費。
2018 年 5 月	墳場委員通過進一步美化紀念花園，加設花槽及紀念牆以增加可供存放胎兒之數量。
2023 年 12 月底	自食物環境衛生署於 2017 年審批後，已存放 91 副胎兒遺骸。

資料來源：天主教香港教區（2018、2023）

3.5 香港佛教墳場

　　早在 1939 年，佛教人士已聯合向政府申請撥地興建墳場，然二戰爆發令籌建終止。戰爭結束，港府以土地另有用途為由婉拒佛教界人士的申請。其後香港佛教聯合會成立，自 1950 年代起，董事會董事為申請墳場一事奔走多時，亦向政府建議過多處地點，最終於 1960 年中獲批土地開闢佛教墳場之用，土地位於柴灣哥連臣角道，約 35 萬呎。

　　1964 年初，香港佛教墳場舉行第一期工程完工灑淨禮，正式啟用棺葬墓地，並陸續開闢新葬地作長期及短期棺葬墓地。翌年落成供奉地藏王菩薩之地藏殿，殿內設有靈灰龕位及往生蓮位，其後為配合當時的社會需要，1967 年再加建骨灰龕「香」及「港」牌樓兩座。

　　至 1980 年代，鑑於葬地及骨灰龕位日漸減少，擴建之骨灰大樓於 1992 年落成啟用。但由於佛教信徒會員眾多，骨灰龕位數目有限，至 2011 年一度全部售罄，時任佛教墳場管理委員會主席何德心居士設法在骨灰大樓內籌劃空間，終在 2014 年擴建了二千多個龕位供會員使用。除原址加建，香港佛教聯合會亦向政府申請佛教墳場毗連土地作擴建骨灰大樓之用，以解龕位短缺之困。

1

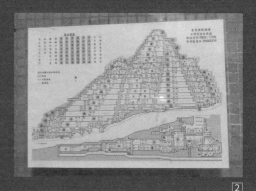

2

3

1 香港佛教墳場外觀
2 香港佛教墳場地圖
3 地藏殿外觀

香港地少人多的客觀現實，令葬位及龕位日漸減少，成為佛教徒的後顧之憂。為配合社會訴求及推廣綠色殯葬，香港佛教聯合會於 2018 年在佛教墳場加設「小小淨土」，以安放不足 24 週的流產胎兒遺骸，及建設「夢影花徑」供佛教徒撒灰之用。「小小淨土」及「夢影花徑」已於 2023 年投入服務，兩項服務彰顯出佛教尊重生命、眾生平等的精神，亦響應政府推廣「綠色殯葬」的大方向。

香港佛教墳場葬位及龕位收費遠比發展及管理成本為低，主要有賴善長仁翁贊助，為廣大市民及信眾服務。

「小小淨土」及「夢影花徑」碑記

1 「夢影花徑」
2 「夢影花徑」外觀
3 「小小淨土」用以安放不足 24 週的流產胎兒遺骸
4 香港佛教墳場骨灰龕位

3.6 沙嶺公墓

　　沙嶺公墓是香港政府為無人認領遺體而設的墳場，位於毗鄰深圳邊境的文錦渡附近，羅湖管制站旁邊。沙嶺墳場曾經是邊境禁區的一部分，但自 2016 年對公眾開放，市民無需申請禁區紙便可前往墳場。

沙嶺公墓棺木段

　　沙嶺公墓設立於 1954 年，每年有大約 200 具無人認領的遺體被埋葬在這裏。相比起殯儀館的繁複儀式，這裏的葬禮程序簡單而冷漠：一般無家屬認領的遺體會在解剖後交由食物環境衛生署送到沙嶺公墓埋葬，沒有儀式，棺木入土僅半尺，七年後必須起骨火化，只有少數遺體會被家屬認領。若有家屬認領遺體，亦只能在棺木段時認領，否則就只好撒落骨灰區。

　　一般而言，遺體存放在公眾殮房而又沒有家屬認領，三個月後，食物環境衛生署就會將遺體送往沙嶺公墓。每天早上 7 時，食物環境衛生署人員會聽從上司指令，得知今天將會有多少具屍體送來沙嶺墳場，然後再上棺木段的山頭掘出需要的埋葬位置。棺木段的山頭有很多小石碑，石碑上只刻有安葬年份及一串代表死者的編號。

沙嶺公墓的棺木段並非永久安葬地，過了七年後，遺體將被起骨火葬，然後骨灰會被撒落在另一個骨灰區。每逢星期一，食環署人員便要將滿七年而沒有人認領的遺體「起骨」，送至和合石等待火化。火化之後，將骨灰放入大鐵桶內，然後再送回沙嶺墳場，放入骨灰段的山頭，骨灰會按死者安葬年份，埋葬於同一個墓碑上。

　　據食環署人員憶述，1970 年代因越南爆發內戰，很多越南人逃亡至香港海域，不少因此而葬命，當時每天都有 20 至 30 具屍體送至沙嶺公墓。當時的棺木沒有現時厚實，亦沒膠紙包裝，只用床單包裹，棺木中會有蛆蟲鑽出來。

1950 年代至 1981 年的骨灰都在埋這大石碑下，公眾人士會在春秋二祭到沙嶺公墓獻花。

1

2

1 較早年份的骨灰區
2 近年的骨灰區

3

3 沙嶺公墓地圖

1 2 石碑上只刻有安葬年份及一串代表死者的編號
3 準備安放新的土葬遺體

骨灰區以死亡年份為一區域，每年都有一個格子供人插上鮮花祭拜。公墓越往前走，死亡年份越早，墓碑也越顯殘舊。這些孤墳與眾多祭拜者的心意形成鮮明對比，彼此相距不遠，但卻同樣孤獨。沙嶺公墓的棺木段是一片青蔥的山頭，石碑上沒有名字或遺照，只有一組代表死者死亡年份和下葬次序的號碼，讓祭拜者感到唏噓不已。

在沙嶺公墓，人們能夠體會到生命的脆弱和短暫。香港社會中有一群被邊緣化、孤苦無依的人，沙嶺公墓可以說是人們紀念他們生前事跡及感謝其貢獻的一個重要場所。

第四章

安身之所：廟宇

4.1 廣福義祠

要回顧香港殯葬業的歷史，不得不提香港的第一間「殯儀館」及「公眾停屍間」——「百姓廟」廣福義祠。

香港開埠於 1841 年 1 月 26 日，廣福義祠則建於 1856 年（清朝咸豐六年），為香港開埠早期殯葬歷史中不得不提及的重要元素。該祠由香港島的坊眾、商人譚才及另外十多名商人向政府申請撥地集資興建。

廣福義祠（又稱廣福祠），俗稱百姓廟，位於香港島上環太平山街與磅巷交界，用以供奉遠道來港謀生而客死異鄉的華人靈位，祠中存有當年二千多位客死異鄉的華人神位。在此先要解釋為什麼廣福義祠被稱義祠和百姓廟：首先，廣福義祠中的「義」，意思是免費，對應其造福人群的目的；其次，百姓廟之稱，則是因為祠內供奉了不同姓氏的亡靈，跟一般只供奉同姓、同祖、同族的家族祠堂不同。

祠內不單供奉亡靈，同時安放有地藏王、太歲、濟公活佛的塑像等，定時有常駐道士提供法事誦經，超渡亡魂。

1 廣福義祠
2 祠內的塔香

香港開埠以來最早的公眾停屍間

早期香港醫療制度並不完善，沒有華人醫院的設立，而且大部分華人並不相信西方醫學，又負擔不起西方醫療的昂貴費用；同時基於傳統觀念，病重瀕危的華人不欲在家中過世。廣福義祠漸漸承擔起收容病危者和埋葬死者的責任，低層華人居民及華工一旦身患危重疾病，寧願待在義祠，也不願意到西式醫院尋求治療。1869 年，署理總登記官李斯德（Alfred Lister）在調查一位過境華工在義祠死亡一事，揭發義祠的衛生環境惡劣，活人及死屍共處一室，垂危的病人欠缺活動能力，只能飲用板床上格流下來的屍水。英文報紙《南華早報》報道其衛生問題，社會譁然，轟動一時。

事件引起政府高度關注，時任港督麥當奴命令深入調查。報告書內指出義祠衛生情況極之惡劣，地上滿佈泥灰，病人只能臥在一張僅容納一個人的床板，沒能得到適當的治理，衣物從未更換，奄奄一息，慘不忍睹。

事件經報紙廣泛報道，驚動到英國殖民地部，責備香港政府，最終港督麥當奴決定於 1869 年正式關閉廣福義祠，另覓附近一幅土地興建醫院，催生了香港第一所華人醫院 —— 東華醫院。1872 年東華醫院落成開幕，除了另闢地方作為患病華人的收容所，也將廣福義祠收歸管理。

東華醫院及後與廣華醫院和東華東院組成東華三院，承擔了贈醫施藥、慈善殯葬等的社會責任。今天的東華三院仍然按照百多年前的傳統為市民大眾提供殯葬服務，比較為人熟悉的有東華義莊、萬國殯儀館、寰宇殯儀館和鑽石山殯儀館。

今天的廣福義祠已經煥然一新，除了有整齊的擺設、清潔的衛生環境，更設有環香供奉服務。廣福義祠仍維持三進兩院一開間的格局，門前有一前院。供奉神祇的正殿位於中進，祠內接收了因城市發展而被拆卸、遷移的其他廟宇內的神像和文物，如安放了濟公、綏靖伯及太歲等。後進為安放神主牌的地方，每日有三牲祭品及環形香燭供奉。

4.2 福德古廟

　　1986 年 6 月 24 日，《東方日報》刊登一篇專題報道，題目為：「隱伏市塵數百年，福德廟福澤紅磡」，內容講述在紅磡寶其利街與船塢街交界的一座不起眼的迷你古廟 —— 福德古廟。

　　廟內沒有碑記記載建廟的歷史，但據街坊口耳相傳，這古廟在南宋末年已經存在。南宋末年社會不穩，大量中原百姓南下移居香港以求偏安，並在現今的紅磡、土瓜灣一帶落戶建立村莊。古廟面積不大，以鐵柱為牆，鋅鐵為瓦，髹上紅色，正是中國古典建築風格的紅牆綠瓦。廟正中央置有牌匾「福德古廟」，廟宇內掛有一副對聯：「德澤綿長慶昇平，福蔭街坊安康樂。」廟宇供奉土地神福德伯公，掛著大大小小的圓塔香（亦稱為扁香），右方有一神枱放置香爐，靈牌寫有「社稷土地」。這反映廟宇跟「皇帝」、「社稷江山」有密切關係，可能用以紀念南宋末年宋端宗、宋帝昺南逃至寶安縣（香港）一事。

　　在古廟後，貼有一張 1986 年 6 月 24 日的剪報，當中提到此廟宇的地下埋葬了百多名死者（主要是兒童），他們的骸骨被裝在一個大鐵箱中。

福德古廟變成亂葬崗

　　根據這份剪報的說法，事情要從二次世界大戰時香港的情況說起。1941 年 12 月 25 日，香港總督楊慕琦向侵華日軍投降，香港進入了三年零八個月的淪陷時期。自 1942 年 10 月起，盟軍開始發動對香港的空襲。

　　盟軍轟炸香港的主要目標是破壞香港的油庫、機場、港口設施及日軍設施。以美國為首的盟軍自 1942 年起開始反攻，三年間不斷空襲香港島及九龍一帶。

　　1944 年 10 月 16 日，美軍大規模空襲黃埔船塢，以阻止日軍建造及維修補給船隻、軍艦等。礙於當時的科技有限，轟炸經常出現偏差，曾經有多次不同程度誤炸香港平民、民居的事件，例如炸彈落在灣仔鬧市及紅磡黃埔一帶。由於當時黃埔船塢是主要空襲目標之一，所以就有大量炸彈投放在該區，當時一所小學「紅磡街坊會小學」就在距離黃埔船塢不遠的地方，亦即今天差館里附近、蕪湖街和漆咸道交界，該次空襲令整間小學被摧毀，幾乎全體教師及學生死亡，連同附近民居造成數百人死傷。

　　有傳說指，當時兵荒馬亂，有市民及志願者不忍屍橫遍野，臭氣薰天，對衛生環境造成嚴重威脅，於是將受難者屍體集中安放在一個地方，並匆匆將其遺體火化。由於時間過分倉猝，屍體並未完全燒成灰燼，又似骨灰又似遺骸，在缺乏有系

統的入葬安排下，死者身分難以確認。有好心市民安排將所有
屍骨放入一個大鐵箱，安放在今日紅磡差館里的觀音廟內，後
來又移至福德古廟。

　　為何要將鐵箱搬到福德古廟，坊間有不同說法，有可能是
管理觀音廟的廟祝要求遷移，亦有說法是指紅磡觀音廟曾重建
維修，需要將所有物品遷移等。至於以上剪報有關福德廟地下
埋葬了二戰死者的說法，則未能在華人廟宇委員會的官方網頁
查證得到。

　　有一件有關紅磡觀音廟有趣的事件：有指盟軍空襲黃埔
時，紅磡觀音廟旁的屋宇蕩然無存，惟觀音廟仍然屹立不倒，絲
毫無損。當時的市民都認為是觀音大顯神威，庇佑百姓的緣故。

[1] 貼在福德古廟後的一份報紙（1986 年 6 月 24 日
《東方日報》），報道關於集體埋葬屍骨的處理情況。

第五章

存留百年‥東華義莊

5.1 香港的墳場政策

要了解東華三院殯儀服務的歷史進程，必須先了解香港的墳場政策。這些政策對於殯儀服務的運作起嚮導作用。因此，東華三院的殯儀服務在香港政府墳場政策的架構下，逐步調整和發展其服務以滿足大眾需求。

墳場政策是一套旨在保障政府能在土地資源有限的情況下依法依規以及遵循華人傳統處理死者的條例。從 1969 年底開始，依照市政局的建議，政府確立了五大墳場政策：一，積極推動火葬；二，在和合石和沙嶺的公共墳場集中安葬棺木；三，沿用在這些墳場埋葬六年後執骨的傳統；四，禁止新建私營墳場；五，私營墳場若要擴建，必須部分設為永久葬地和非永久葬地。

香港政府針對墳場和殯葬管理制定的政策，是一項將公共衛生要求與華人殯葬傳統相結合的產物。香港回歸後，這些政策基本上被保留下來。墳場政策的根源與英國的近代歷史緊密相扣，其「墳場」的現代概念及執行上深受基督宗教和英國殯葬習俗的影響。

根據朱里安・里頓（Julian Litten）在 *The English Way of Death*（1991）的說法，從 17 世紀晚期至 19 世紀初期，英國中產階層多選擇大都市或城鎮附近的教堂墓地，為他們過世後的安

息之地。不過在 19 世紀開始，隨著人們對城內埋葬引起的公共衛生風險的關注，社會禁止在教堂葬地進行埋葬，而改在鄉郊建立公墓。

1856 年，英國也開始在殖民地如印度等推行禁止非法埋葬的《保護法案》。但有關禁令並未影響海峽殖民地華人如新加坡華人的傳統殯葬習俗，他們依然根據風水選擇墳地。同年，香港政府也制定了管理華人埋葬的法規，賦予政府設立專用墳地和處罰非法落葬的權力。儘管有這些規定，華人在山區的傳統葬法持續存在，而無人認領的遺體則由警方處理。到了 1882 年，香港政府利用這些法律，對在非指定墳場埋葬的行為進行了檢控，兩名華人被判入獄。

1881 年，為了保障駐港英軍的健康，奧斯伯‧查維克（Osbert Chadwick）被派往香港進行衛生調查。他在報告中嚴厲指出港島太平山地區的住房衛生條件極其惡劣，這促使了 1883 年潔淨局的成立。該局負責定義華人墳場範圍、規定非法埋葬的懲罰、公佈官方認可的墳場清單，並執行政府對墳場的關閉命令。到了 1887 年，政府制定了公共衛生條例，同時將早先的《1856 年第 12 號條例》作為一部分納入。這意味著所有埋葬活動，尤其是在非認可墳場的埋葬，都由潔淨局及其行政機關潔淨署負責監管。1935 年，潔淨局改組為市政局，從 1936 年 1 月開始根據《公眾衛生（潔淨）條例》賦予的權力，管理香港公共衛生，包括墳場和葬禮事務的職權。

香港 1930 年到 1940 年初的死亡案例從 13,500 件飆升至 40,824 件，給墳場用地需求帶來了空前的壓力。市政局主任杜德（R. R. Todd）在 1930 年代宣佈不再在港島和九龍新增墳場，並計劃在新界建立公共墳場以應對日益增長的殯葬需求。不幸的是，隨著香港淪陷，這些計劃皆胎死腹中。

二戰結束後，政府重啟了和合石墳場的發展計劃，但由於新界人口的增長，和合石部分地區被保留作為集水區，政府於是在沙嶺附近另設了一個墳場。到了 1949 年，九龍和港島的所有公共墳場被關閉，隨後和合石和沙嶺墳場於 1950 年投入使用。為了方便市民舉行葬禮，政府在紅磡建立了厝房和永別亭，並利用鐵路將遺體運送至和合石墳場。鑑於和合石墳場的地理位置，春秋掃墓期間鐵路會增加班次以方便市民前往祭掃。

1898 年 7 月，英國政府與清政府達成租借新界的協定，為期 99 年。其間，香港政府深入了解新界居民的傳統殯葬習俗，得知一種名為「二次葬」的做法，家屬會在遺骸完全分解後收集骨頭，清洗後再埋入金塔。鑑於此習俗，政府在 20 世紀早期創建了金塔墳場，實行每十年進行一次的骨頭收集週期。該政策規定亡者葬於政府墳場七年後，其遺骨需被收集並永久安葬於金塔墳場。在火葬成為主流前，此舉被視為節省土地的臨時措施。該做法延續至今，家屬在亡者安葬六年後，需要安排進行執骨。若死者無家屬，政府會代其將骨灰安置於公共金塔墳場。這一流程同樣適用於私人非永久墳地，但具體時間安排略有差異。

5.2 東華義莊的發展

　　義莊,這個詞最早在宋代出現,起初是為了幫助宗族中經濟困難者提供婚喪、教育、賑貧和養老等社會協助。這些宗族資產也用於資助貧窮成員的喪葬費用,並為無人處理後事的逝者提供棺木和葬禮,是昔日宗族社會的社會福利機構。在廣州,義莊還指暫時存放棺木的地方,這些地方能夠存放大量棺材。

　　19 世紀末,有大量華人為了生計,遠赴外國謀生,當中不少人來自廣東一帶地區。香港是東西航運樞紐,海上交通發達,遂成為華人漂洋過海謀生或歸僑回鄉的中轉站。中國人有濃厚的「落葉歸根」觀念,許多由內地來港或到海外工作的華人都希望死後可以將遺體運回原籍安葬,東華義莊遂為旅居外地的華僑寄厝先人的棺木,由水路經香港運回原籍安葬。義莊成為本港史上唯一為原籍安葬提供配套服務及設施的地方。

　　東華義莊的歷史可追溯至 1875 年東華醫院在港島西區牛房附近興建的一所「殮房」,又稱牛房義莊。一開始東華醫院向政府申請土地興建義莊時,因為文化差異和行政便利,東華醫院在文件上選擇用「殮房」這一詞匯註冊,不過實際上,東華醫院最初建立時是一所供暫存棺木的義莊,而非殮房,殮房專門存放死者遺體,義莊則存放準備安葬的棺木。這座實際上是義莊的「殮房」,於 1899 年鑑於市區發展用地需要,以及原來的地方狹小

東華義莊內的涼亭

及簡陋，被認為有衛生風險，遂遷至港島西區大口環現址，即我們所知的東華義莊現址。

東華義莊的擴建與發展

1911 年辛亥革命爆發，清政府被推翻，海外華僑開始更頻繁地將先人遺體運回內地原籍安葬。東華醫院在此時期進行了募資，以擴建東華義莊，使其從原來的面積擴大到近四倍，並增加了各種設施。面對香港的颱風季節，義莊多次遭受損壞，尤其是 1937 年的一場颱風造成了重大破壞。義莊的管理和維護問題，特別是莊租的收取，成為了院內持續關注的焦點。

在第二次世界大戰期間，東華三院在種種困難下持續提供殯葬服務，雖然戰時只有大約 60% 的棺材被存放於東華義莊，

但義莊面對嚴重的租金拖欠問題。由於日軍的歸鄉政策，許多華人返回內地，導致不少棺木存放的租金無法按時收取，迫使東華三院透過報紙追收租金。義莊的記錄顯示，有些遺骨長達 20 年以上未被人領回，直到 1970 年代末才有家屬領回。香港光復後，義莊再次成為轉運遺骸的站點，租金收入恢復，並進行了大規模的修復工程。

到了 1960 年，東華三院開始解決積壓的租金和遺骸問題，並通過報紙催促租戶處理已存放超過十年的遺骨。東華義莊長期存放本地和海外華人遺體，未受政府干預，但到了 1960 年代，政府檢視地契，發現地契僅批准義莊存放在香港過世的華人遺體，而當時義莊也存放了海外華僑遺骨，這與公共衛生規定不符，引發了對修改契約的需求。1969 年，官員指出義莊的操作未獲得市政局批准，不是認可墳場或殯儀館，因此不可存放人類遺骸，義莊的服務基本上是不合法的。東華三院隨後作出申請並獲得存放遺骸的正式許可，從而使義莊的服務合法化，可以繼續存放遺骸和骨灰。

另一方面，自 1962 年香港政府推行火葬以來，私人火葬數字在 1970 年代達到顯著增長，東華三院對此採取了更開放的態度。他們在市政局的支持下，於 1974 年在東華義莊內建立靈灰庫，並在 1980 年代擴大設施，以滿足不斷增長的需求。隨著火葬的普及，東華三院於 2009 年進一步改建設施，成為符合法例要求的私營骨灰安置所，為大眾提供可續期的骨灰龕位。為

進一步規管私營骨灰龕，政府於 2017 年實施《私營骨灰安置所條例》，東華三院亦獲發私營骨灰安置所牌照，有效期至 2030 年。現時義莊營運三座靈灰安置所，提供逾 8,000 個骨灰龕位，採用年租模式，以確保供應與服務的可持續性。

隨著時間的推移，海外華人大多不再堅持「落葉歸根」的傳統，東華義莊的送骨回國任務結束。東華三院將其中一個莊改建為護理安老院，以緩解東華及廣華醫院的床位壓力，這反映了傳統與現代需求之間的平衡。

東華義莊的殯儀服務

歷史學者葉漢明認為，東華義莊提供的靈柩存放服務是殯葬服務的一環。歷史上，諸如蔡元培之類的知名人士在香港逝世後，也曾寄厝於東華義莊。在 20 世紀初的上海，設有專門存放棺木的場所，反映了寄厝服務不僅限於富裕階層。雖然現代的殯葬儀式趨於簡化，但東華義莊在亡者安葬前提供的服務，仍被視為殯儀的一部分。2020 年受新冠疫情影響，許多本來打算運送先人遺體離開香港的家庭，被迫在東華義莊長期存放先人的靈柩，這凸顯了靈柩存放服務在特殊情況下的重要性。新冠疫情期間，東華義莊出現「客滿」情況，本來義莊最多大約可以容納 100 具遺體，但是，東華義莊在疫情高峰期時接收了 180 具遺體。

義莊舊大堂內

　　東華三院亦鼓勵使用環保棺木，使用環保棺木的死者家屬可以獲得優待，使用東華三院轄下殯儀館更大的禮堂或靈堂作舉行喪禮之用。東華三院轄下殯儀館內亦設有陳列室向公眾展示不同環保棺木。此外，東華三院支持海葬，東華三院現時為食物環境衛生署營辦者，免費為公眾提供海上撒灰服務。

作為物質文化遺產的東華義莊

　　傳統中國喪葬文化中，快速埋葬逝者被視為不孝，因此形成了停柩待葬的習俗。雖然在明清時期，一些來華傳教士批評這一習俗可能影響公共衛生，但也有意見認為棺木密封嚴實，不會對生者健康造成威脅。東華義莊作為這一文化的體現，能容納數

以百計的棺木和骨殖，顯示這一傳統的重要性。不過隨著時代演變，香港的殯葬傳統亦需適應變化，並得到適當的保護和傳承。

　　自 1899 年啟用的東華義莊，經歷多次維修，由於地理位置所導致的潮濕氣候，其建築結構受到了時間的考驗。長期潮濕的環境和白蟻侵害使得義莊的建築需要持續的修繕。隨著火葬普及，土葬需求下降，義莊收入減少並面臨許多維護挑戰。為了保護這個見證香港殯葬文化的重要地標，需要進行全面的文物及建築修復，以便義莊能夠持續為市民提供服務。東華義莊未來會以讓大眾認識歷史文化為目標，部分地方將會用作多媒體教育中心，藉以宣揚華人喪葬文化。

5.3 從物流概念考察東華義莊

　　19 世紀末，大量中國華工因國內戰亂頻繁，生活艱苦，有能力的大多都會遠赴外地謀生，香港地理位置優越，向東取道大平洋往美洲各國，向西可經非洲好望角前往歐洲地方。與此同時，英國對香港實行殖民統治，香港擁有大量外商投資，形成一重要的自由港和轉口港地位。再者，當時香港開拓來往歐美至中國的跨太平洋航線，促進了貿易航道的發展，亦有利於遺體運輸。從客觀條件來說，香港是一道華人方便之門，急速發展成為海外華人回鄉歸葬的重要中轉站。除了大量僑客、貨物過路之外，希望回鄉安葬的華工遺體自然也經香港運回內地各地（主要為廣東省）。當時，經由各地同鄉會、會館聯繫安排，經水路由東華義莊運回原籍安葬已經成為恆常性安排。

東華義莊設於大口環的原因

　　長久以來，華人對殯葬、死亡等概念都非常禁忌，尤其「不得善終」、「死無葬身之地」等算是一些最惡毒的咒語。1869年，廣福義祠因衛生情況惡劣而被政府勒令關閉，故牛房義莊取代廣福義祠，成為臨時停放死屍的地方，及後由於市區擴展，牛房義莊關閉，逼使東華醫院另覓土地，建立東華義莊。1900 年代的大口環村只是一個跟香港市區沒有陸路聯繫的漁村，地勢三

面環海，是一個可以停泊船隻的天然良港，在海灣有一條從山上向下流的溪流，可以作為漁民補充食水之用。由於漁民主要基地是在廣東沿海一帶，大口環村的村落只是一個補給站及歇息地方，所以並不需要陸路運輸網絡通往當時的市中心堅尼地城一帶。故港督卜力在上任一年後，就批准在大口環村建成東華義莊。義莊選址主要基於幾個理由：一，當時村民數量甚少，反對聲音相對微弱；二，將被視為忌諱的義莊建於遠離民居的偏遠地區，以減少市區拓展的阻礙；三，大口環村三面環海，是一個天然避風塘，而且有水路可以接駁堅尼地城遠洋輪船停泊地區，方便運輸靈柩棺木往返香港及連接中國內地的交通網絡。從堅尼地城一帶沿港島海岸線往東航行，就可以到達香港島南部的大口環村，航程不需要經過波濤洶湧的大海，免除大部分危險。

運輸棺木的過程

棺艇俗稱蝦苟艇，蝦苟艇原是小型漁船，因運輸棺木、骨殖而被稱為棺艇。右頁圖 1 清晰可見棺木橫放在蝦苟艇船身，以人力撐船為動力，船尾有一簷篷可避免人們被日光曝曬。正如前文提及，來往港島市區與東華義莊的水路均沿著香港島海岸線，風浪相對較少，所以以人力撐船都可以正常運作。

約 1920 年的地政處俯瞰圖顯示，東華義莊有環形行車路三面環繞，但卻沒有道路接駁。義莊右方有一石屎建築通路向海灣

1 棺艇（圖片來源：高添強先生）
2 1920 年東華義莊俯瞰圖（圖片來源：地政處［81A_128-6137］［日期：1949 年
5 月 8 日］）

伸延，接駁一小碼頭，方便棺艇登岸後，人員將靈柩用擔挑抬往義莊安放。整個物流過程以人力操作，相較今天以科技及高端運輸的物流工具，不能同日而語。

現代寄存棺柩的處理

從前，東華義莊發揮了重要中轉站角色。時至今日，東華義莊主要提供暫存遺體服務。現時，在香港，逝者死後至處理遺體落葬，需要一定的時間流程，東華義莊可以作出配合，填補等候期間的服務需要（Service Gap）。現在大多數在香港離世的人，遺體會經過處理，體內大部分水分已經流失，加上不是埋在泥土中，可令遺體腐化機會減低。其次，從前棺木採用桐油及石灰密封，現在則採用玻璃膠密封，外界空氣、昆蟲及寄生蟲可被有效隔絕，亦可防止屍蟲鑽出或液體滲出，故義莊一般不會要求家屬為遺體做防腐。而小塔香是收費服務，義莊職員可幫家屬定期向先人奉香。

封棺

小塔香

　　將遺體存放於東華義莊內，家屬需要向食物環境衛生署申請下葬紙（俗稱 memo 紙），證明該遺體已經過合法處理，並列明存放於東華義莊內。當遺體遷出東華義莊時，家屬亦需要通知食物環境衛生署，並與職員預約於東華義莊進行驗棺的時間，檢驗棺木是否曾經出現不尋常現象。如果一切正常，食物環境衛生署會發出正式遷移遺體的文件。同時，家屬可安排師傅（土工）及喃嘸師傅（視乎其宗教信仰）處理遺體遷移，遺體遷移必須於驗棺後 72 小時內完成。所以，家屬安排師傅（土工）、喃嘸師傅的時間及食物環境衛生署職員驗棺時間必須互相配合。如果遺體以火葬形式處理，必須獲得火葬場發出火葬許可證及骨灰紙。如果遺體以土葬形式處理，必須獲得食物環境衛生署發出下葬紙批准土葬地點。如果遺體需要離境，必須獲得離境許可證及申請下一個目的地的文件。

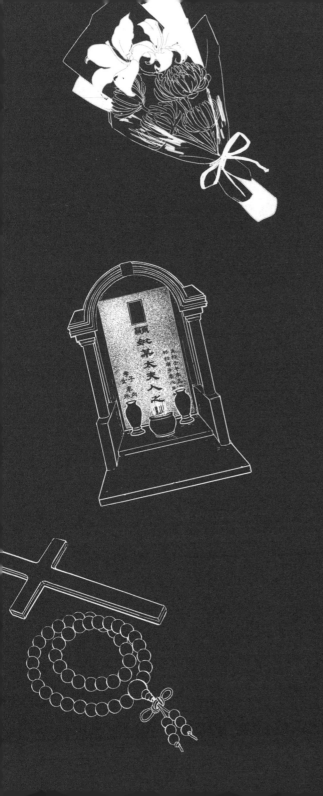

第六章

捨舟登岸：漁民及漁村殯葬考察

6.1 香港漁民喪葬

漁民喪葬處理

水上人在進行喪葬事宜時有很多禁忌，因為船不僅是他們的家，也是他們主要的謀生工具。他們的生計全靠船隻，這導致了他們有「凡事都講求吉利，寧可信其有」的迷信心態。

一般來說，如果岸上人要舉行葬禮，就會在家門前點燃一根白蠟燭，表示家中有「白事」，稱之為「報喪」。那麼，水上人怎麼去報喪呢？辦「白事」的船家必須先將自己的一艘船拋錨，不能與其他船（兄弟船除外）一起停泊。船上神位上所有的「金花聖紅」都需要移除，祖先的神位也會鋪上白布，暫時不會上香。船頭的長紅布需要拆下，立即換上白布，並拆掉桅杆上的紅布。

守孝期間，漁民不會出海作業。直到三七「二十一日」後所有喪葬程序完成，他們才會出海，然後進行「英紅」轉紅儀式。船上所有守喪的白布都會被拆除，經過火盤後火化燒毀，重新簪花掛紅，喃嘸師傅會將向每個神社灑淨「開光」。

在 1970 年代以前，轉紅儀式會使用生雞（活公雞）掛紅。首先，用小刀割開公雞的雞冠，將血滴入一碗白酒中，製成「雞

紅酒」。喃嘸師傅隨後將雞紅酒灑向每個神位，便完成所有的轉紅程序。

早期的老式木船一般有兩根或三根桅杆作為升帆用。20 世紀早期雖然已有裝有電動機的船隻，但由於馬力不夠強勁，必須依靠風帆來幫助提升船隻速度，既快又省油。直到 1970 年代，漁船都開始設有電動機。隨著功率的增大，用桅杆掛帆的方式逐漸淘汰。桅杆分佈在船的最前面，稱為「頭桅」；船中部較粗、最高的桅杆稱為「大桅杆」；船尾較細的桅杆稱為「尾桅」。除了掛帆外，還可以在桅頂安裝可移動的紅色風袋「紅雞尾」。風袋正面可加裝飾物，如箭尖、一對箭加錢、一條魚或一隻公雞等，主要目的是隨風擺動，指示風向和風速。但遇到葬禮時，必須將紅風袋去掉，這意味著以後不會有不祥之事發生。

水上人喪禮俗稱「打水佬齋」，一般由喃嘸師傅主理，包括：

- 人形紙紮代表先人的真身，寓意於晚上餵先人食飯。
- 會以真的動物作儀式，例如：在河中放生真鴨以作過河儀式、以真雞作招魂儀式。因為生魚生命力比較頑強，所以水上人普遍選擇以生魚作為過河儀式。
- 外嫁女兒還米債。

1

2

3

1 人形紙紮
2 生魚
3 外嫁女兒還米債

山邊殯葬政策

一般而言，新界原居民習慣將先人葬於其村落長久以來使用的殯葬區內。政府在 1983 年實施「山邊殯葬政策」，把多幅政府土地劃為「認可殯葬區」，供合資格的原居民或其家屬身故後下葬。

山邊殯葬政策是由多個部門，包括民政事務總署（民政總署）、地政總署、食物環境衛生署、漁農自然護理署及水務署，各自按其工作範疇，共同推行。就民政總署而言，原居民的家屬為先人於殯葬區內進行殯葬前，須向當區民政處申領殯葬許可證，以茲證明。各區民政事務處（民政處）在簽發殯葬許可證前，會先核實先人的身分，再向申請人說明許可證所載列的規定。

山邊殯葬政策的合資格人士亦包括本地原居漁民。本地原居漁民是指於 1898 年時或以前已在新界水域居住及作業的漁民之父系後裔及其家庭成員。在處理有關本地原居漁民的申請時，民政處會考慮身故者是否大半生歲月（即在 18 至 60 歲期間有四分之三時間）從事漁業。身故漁民的家屬須先獲得漁民代表或鄉事委員會確認該身故者的本地漁民身分，以及作出宣誓，方合資格申領殯葬許可證。

漁民認可殯葬區一覽

地區	認可殯葬區編號
屯門	BURGD1；BURGD2；BURGD3；BURGD6；BURGD7；BURGD8；BURGD9；BURGD10；BURGD11；BURGD12；BURGD13；BURGD15；BURGD16；BURGD17；BURGD18；BURGD19；BURGD20；BURGD21；BURGD22；BURGD23；BURGD24；YL/52&BURGD25；BURGD26；BURGD27；BURGD28；BURGD29；BURGD30
西貢	SK/1；SK/3；SK/4；SK/5；SK/7；SK/8；SK/9；SK/10；SK/11；SK/12；SK/13；SK/16；SK/17；SK/18；SK/19；SK/20；SK/21；SK/22；SK/23；SK/24；SK/25；SK/26；SK/28；SK/29；SK/31；SK/32；SK/33；SK/35；SK/37；SK/38；SK/39；SK/40；SK/41；SK/43；SK/44；SK/46；SK/47；SK/48；SK/50；SK/51；SK/52；SK/53；SK/54；SK/55；SK/56；SK/57；SK/58；SK/59；SK/60；SK/61；SK/62；SK/63；SK/64；SK/65；SK/66；SK/67；SK/68；SK/69；SK/70；SK/71；SK/72；SK/73；SK/74；SK/75
大埔	TP/N1；TP/N2；TP/N3；TP/N4；TP/N5；TP/N6；TP/N7；TP/N8；TP/N9；TP/N10；TP/N12；TP/N13；TP/N14；TP/S1；TP/S3；TP/S4；TP/S5；TP/S6；TP/S7；TP/S8；TP/S9；TP/S10；TP/S11；TP/S12；TP/S13；TP/S14；TP/S15；TP/S16；TP/S17；TP/S18；TP/S19；TP/S20；TP/S21；TP/S24；TP/S25；TP/S27；TP/S28；TP/S29；TP/C1；TP/C2&N11；TP/C3；TP/C4；TP/C5；TP/C6；TP/C7；TP/C8；TP/C9；TP/C10；TP/LT1；TP/LT1A；TP/LT2(1)；TP/LT2(2)；TP/LT3；TP/LT4；TP/LT5；TP/LT6；TP/LT7；TP/LT8；TP/LT8A；TP/LT9；TP/LT10；TP/LT11；TP/LT12；TP/LT13；TP/LT14；TP/LT15；TP/E1；TP/E2；TP/E3；TP/E4；TP/E5；TP/E6；TP/E7；TP/E8；TP/E9；TP/E10；TP/E11；TP/E12；TP/E12A；TP/E13；TP/SKN1；TP/SKN2；TP/SKN3；TP/SKN4；TP/SKN5B；TP/SKN6；TP/SKN7；TP/SKN8；TP/SKN9；TP/SKN10；TP/SKN11；TP/SKN12；TP/SKN13；TP/SKN14；TP/SKN15；TP/SKN16；TP/SKN17；TP/SKN18；TP/SKN19；TP/SKN20；TP/SKN21；TP/SKN22；TP/SKN22A；TP/SKN23；TP/SKN24；TP/SKN25；TP/SKN26；TP/SKN27；TP/SKN28；TP/SKN29；TP/SKN30

北區	N/S/1；N/S/2；N/S/3；N/S/4A；N/S/4B；N/S/4C&8；N/S/5；N/S/7；N/S/9A；N/S/9B；N/S/9C；N/S/10；N/S/11；N/S/12；N/S/13；N/S/14；N/S/15；N/S/16；N/S/17；N/S/18；N/S/19；N/F/1&2；N/F/3&4；N/F/5；N/F/6；N/F/7；N/F/8；N/F/9；N/F/10；N/F/11；N/F/12；N/F/13；N/F/14A；N/F/14B；N/F/14C；N/F/15；N/F/16；N/F/17；N/F/18B；N/F/18&S/6；N/F/19；N/F/20；N/F/21；N/K/1；N/K/2；N/K/3；N/K/4；N/K/5；N/K/6；N/K/7；N/K/8；N/K/9；N/K/10；N/K/11；N/K/12；N/K/13；N/K/14；N/K/15；N/K/16A；N/K/16B；N/K/17A；N/K/17B；N/K/18；N/K/19；N/K/20；N/K/21；N/K/22A；N/K/22B；N/K/22C；N/K/23A；N/K/23B；N/K/24A；N/K/24B；N/K/25；N/K/26；N/K/27A；N/K/27B；N/K/27C；N/K/28；N/K/29A；N/K/29B；N/K/29C；N/K/30；N/T/1；N/T/2；N/T/3；N/T/4A；N/T/4B；N/T/5；N/T/6；N/T/7；N/T/8；N/T/9；N/T/10；N/T/11；N/T/12；N/T/13；N/T/14；N/T/15；N/T/16；N/T/17；N/T/18；N/T/19；N/T/20；N/T/21；N/T/22；N/T/23
離島	BUR1L；BUR2L；BUR3L；BUR4L；BUR5L；BUR6L；BUR7L；BUR8L；BUR9L；BUR10L；BUR11L；BUR12L；BUR13L；BUR14L；BUR15L；BUR16L；BUR17L；BUR18L；BUR19L；BUR20L；BUR22L；BUR23L；BUR24L；BUR25L；BUR26L；BUR27L；BUR28L；BUR29L；BUR30L；BUR31L；BUR32L；BUR33L；BUR34L；BUR35L；BUR36L；BUR37L；BUR38L；BUR39L；BUR40L；BUR41L；BURD42L；BUR43L；BUR44L；BUR45L；BUR46L；BUR47L；BUR48L；BUR49L；BUR50L；BUR51L；BUR52L；BUR53L；BUR54L；BUR55L；BUR1LM；BUR2LM；BUR3LM；BUR4LM；BUR5LM；BUR6LM；BUR7LM；BUR8LM；BUR9LM；BUR10LM；BUR11LM；BUR12LM；BUR13LM；BURGD(PC)；BURGD(PT)；BURGD(TAC)；56(SAC)；57(SAC)
葵青	TW/007
荃灣	TW/001；TW/002；TW/003；TW/004；TW/005；TW/006；TW/008 & Ext

沙田	Ho Lek Pui；ST/1；ST/2；ST/3；ST/4；ST/5；ST/6；ST/9；ST/10；ST/11；ST/12；ST/13；ST/14；ST/15；ST/16；ST/17；ST/18；ST/19；ST/20；ST/22；ST/23；ST/24；ST/25；ST/26；ST/27；ST/28；ST/29；ST/31；ST/32；ST/33；ST/34；ST/35；ST/36；ST/37；ST/38；ST/39；ST/40；ST/41；ST/42；ST/43；ST/44；ST/45；ST/46；ST/47；ST/48；ST/49；ST/50；ST/51；ST/52；ST/53；ST/54；ST/55；ST/56
元朗	YL1；YL2；YL3；YL4；YL5；YL6；YL7；YL8；YL9；YL10；YL11；YL12；YL13；YL14；YL15；YL16；YL17；YL18；YL19；YL20；YL21；YL22；YL23；YL24；YL25；YL26；YL27；YL28；YL29；YL30；YL31；YL32；YL33；YL34；YL35；YL36；YL37；YL38；YL39；YL40；YL41；YL42；YL43；YL44；YL45；YL46；YL47；YL48；YL49；YL50；YL51；YL52；YL53；YL54；YL55；YL56；YL57；YL58；YL59；YL60；YL61；YL62；YL63；YL64；YL65；YL66；YL67；YL68；YL69；YL70；YL71；YL72；YL73；YL74；YL75；YL76；YL77；YL78；YL79；YL80；YL81；YL82；YL83；YL84

資料來源：民政事務總署（2023）

　　據我們了解，以下殯葬區皆有原居漁民下葬，包括屯門漁業總會青山灣漁民墳場（TM-26, TM-28, TM-29, TM-30）、大埔元洲仔殯葬區（TP-S-11, TP-S-13, TP-S-14）、大埔三門仔殯葬區（TP-E-07）、大埔劏雞井殯葬區（TP-E-13）、荃灣川龍響石殯葬區（TW-01）等。以往有大量土地供應，原居民都會選擇土葬。此外，從前水上人會使用棺艇運送棺木，現在已經用魚排取而代之。魚排建於水上，可以浮起，用木板圍住綁在一起，再以摩打船靠近。

1 魚排

6.2 長洲殯葬考察

長洲方便醫院

　　在 1800 年代中期，長洲轉變成一個興旺的漁村，吸引了許多商人和漁民前來進行交易。然而，由於長洲經常遭受颱風的侵襲，狂風巨浪常常使船隻沉沒，導致許多人葬身海中。海浪將屍體衝上岸上，由於缺乏人手安葬死者，衛生情況令人難以接受；而風浪倖存者也不可避免地面臨流離失所的困境，或者受到疾病的困擾。儘管當時清政府有在島上駐兵，但頻繁的颱風威脅著居民的生活，社區福利不足。中國人一直重視諸如「生有所養，病有所醫，老有所安，死有所葬」的觀念，因此，一位名叫蔡良的東莞商人於 1872 年在長洲島發起建造「棲流所」的行動，為貧苦的島民提供醫療救助，使他們有機會在島上接受治療。對於無人殮葬的逝者，棲流所為他們提供了有尊嚴的安葬服務。隨

方便醫院入口

後在 1873 年，蔡良又在棲流所附近建造了「義塚」，用以收容和安葬無名屍體。

因募資和官方支持，棲流所得以擴展和改善。面對設施老化和財政問題，在 1951 年，長洲居民協會的第七屆委員會再次發起修建整助院舍並擴建中座室部分的計劃。棲流所改名「方便醫院」，院舍正門刻有「長洲方便醫院」六個字，屋簷上刻有「長洲居民協會」。兩旁的聯語寫道：「寒暑易成災，調護多方，樂土翻教忘痛苦。緩和能治病，疴瘵在抱，善緣共感再生恩。」院舍正門下方的圍牆外是仵工宿舍，門前的空地用於晾曬骨骸。仵工宿舍的對面還有一塊石碑，該石碑是蔡良於 1907 年立下的，碑文記錄了當年募捐建所的情況以及相關捐款者的姓名。

戰後，隨著島上另一所醫院長洲醫院的發展，方便醫院的作用逐漸減少，其作為贈醫施藥的角色逐漸減輕。因此，方便醫院在運作後期主要是處理屍骸殯葬問題，並提供收留臨終病人的服務。後來，方便醫院和居民協會在管理上出現問題，陷入財政困境，無人支援接手，最終在 1988 年停止營運，結束了其在長洲的歷史使命。當時，該院舍的產權暫由新界南約理民官代為管理，1997 年後轉由離島助理民政事務處專員託管。然而，當年方便醫院的一名羅姓職員在方便醫院停止運作後佔用了院舍。現時，院舍的結構嚴重受損，鋼筋混凝土外露剝落，一座樓的屋頂也在 2017 年颱風中倒塌；然而，羅氏後人仍繼續佔用院舍，妨礙社區對該物業的使用。

1 蔡良所立石碑
2 碑刻上提及的兩間店舖，用作棲留所日後經費之用。現時被人佔用。
3 4 方便醫院內觀已經殘破不堪

義塚

　　長洲在過去經歷了許多災難，導致大量無人認領的遺體被隨意下葬，遺骸經常被風浪侵蝕而露出地表。每逢暴雨巨浪，覆蓋屍體的沙泥往往被沖走，白骨常常暴露在沙土荒野上，情況十分可怖。直到 19 世紀末，長洲島在蔡良的倡議下開始在大石口區埋葬無依無靠的屍體。蔡良所立的碑刻「義塚一區」指的是大石口區域內有許多墳墓，這些墳墓是在不同的時期所立的，埋葬了不同的災難受害者。1970 年代，隨著島上人口增加，早期葬於長洲大石口、大鬼灣、山頂等地的墳墓和金塔都需要遷葬到長洲西灣墓場。當年下葬的許多義塚則集中遷往西灣墓場旁的義山，而刻有「同治十二年六月」的墓碑則保留在原址。另一個位於長洲的義塚建立年期已不可考，故由長洲鄉事委員會代立，墓碑上只刻有「1987 年」的日期。每年春秋兩次祭祀，長洲鄉事委員會都會派員帶著三牲茶酒、香燭寶帛到這兩個義塚祭奠。此

義塚

1

2

1 四邑義塚
2 陽江山義塚

3 東莞義塚入口
4 東莞義塚內景
5 紅葫蘆義塚

3

4

5

外，島上還有東莞義塚、四邑益善堂義塚、陽江山義塚等同鄉會建造的義塚，每年各同鄉會仍會派員到義塚進行祭祀，紀念過往的死難者。

紅葫蘆義塚建立於 1950 年代初期，主要是為了處理二戰後遺留的遺骸。到了 1950 年代末，島上還有許多骸骨未妥善處理，促使社區建立第四個義塚。雖然有人曾提議在島上設立麻雀娛樂館來籌集維護義塚的資金，不過經過多年的營運，麻雀娛樂館已結業。現在，西灣義山（長洲墳場口）上仍排列著記載無名者的小石碑，持續表達對這些無名逝者的紀念與敬意。

義祠

百姓廟，或稱義祠，是紀念和祭祀那些在外地逝去且無人供奉的亡魂的場所，以供奉眾多姓氏的靈位而得名。義祠的設立是為了慈悲那些死而無依的人，讓他們的靈位有個安放之地，並期望他們最終能被同鄉帶回故鄉供奉。隨著時代變遷，那些暫時無法供奉祖先的後人亦會將祖先的神主牌安置於此，希望能夠有人繼續祭祀。隨著時間的推移，義祠的功能逐漸擴大，除了供奉無主亡靈外，還提供臨時居所給無依的患病人士，讓臨終的人在祠內善終，或容許無依死者停柩待葬等。

義祠不僅是個靈位的安息地，它還提供臨終關懷和其他社

1 義祠入口
2 義祠內觀

會服務。長洲義祠的創立時間已無法追溯，它是透過社區居民的捐助建成。義祠有一座金字頂的建築，入口處有一座神龕，上面書有「祇壇」，左右還有對聯：「義維持宛然尚在，禮憑供永佔馨香」。神龕內供奉著五塊神主牌，分別是「長洲義祠設立護理本祠土地福德命母神位」、「長洲義祠設立各省州府縣無祀女神位」、「長洲義祠設立各省州府縣無祀男神位」、「長洲各界義祠無祀女神位」、「長洲各界義祠無祀男神位」。從這五塊神主牌可以看出，祭祀的對象遍及全國各省、州、府、縣，反映長洲居民的多元背景，這種供奉方式在香港的義祠中是相當罕見的。在神龕下方設有地主的神位，而其他的神靈則並未供奉在義祠內。在神龕的左側供奉著十多塊神主牌，包括個人神主牌和各姓氏歷代祖先神主牌。這顯示後代子孫未能將祖先的神主牌安放在家中的

義祠內個人神主牌和各姓氏歷代祖先神主牌

祠堂內,而暫時移至義祠內繼續供奉。右側則供奉著十多位有瓷相的先人靈位,有些還有姓名。此外,在特定的節日,如長洲太平清醮和盂蘭節等,會有法師到祠內誦經,以慰藉和超渡亡魂。

喪葬處理

1950 年代,若有水上人在船上過身,其親友家屬會從金銀灣上岸,然後將死者遺體送往長洲方便醫院的殮房辦理喪事。那個年代,方便醫院殮房沒有冷氣設備,因此衛生環境並不理想。水上人喪葬沒有特別儀式,一般以民間信仰及儒家傳統喪葬文化為主。但是,喪葬儀式上,女性家人或親友會在儀式中唱嘆歌(漁民嘆歌的一種),陪葬品主要為玉、銀器、幾套衣服。家境富裕的水上人家庭通常會安排喃嘸師傅為死者打齋及做法事。

現時,若死者遺體從其他地區運回長洲安葬,持牌殮葬商會安排渡輪運送死者遺體,死者遺體會安排放在渡輪下層,渡輪公司會以貨物收費計算運費。假如死者在長洲過身,死者遺體會送往長洲醫院殮房暫存。如果死者家屬經濟能力許可,一般都會考慮將遺體停放在海濱亭一晚做法事。死者家屬需要支付約萬多元的搭棚費及約千多元一晚的殯儀場地費。如果死者家屬經濟能力較差,遺體會被直接運上山,到達長洲墳場下葬。基於經濟因素考慮,現在大多數水上人傾向選擇火葬。水上人不考慮海上撒灰,主要是涉及傳統禁忌,不願「隨海漂流」、「無處居所」。

1

2

1 長洲喪禮報告板
2 海濱亭外觀

3 海濱亭內觀
4 長洲墳場入口

3

4

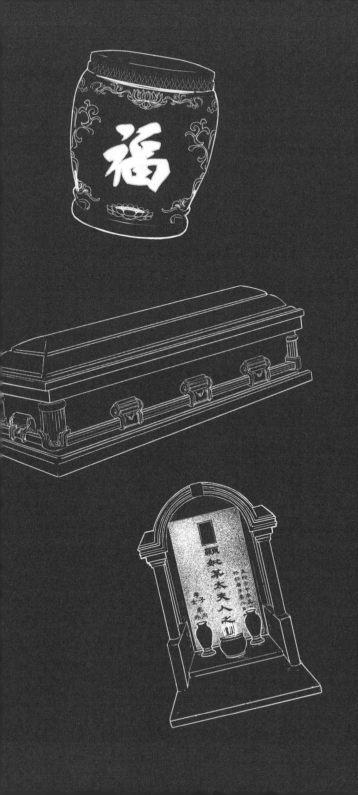

第七章

從死看生：生死教育議題探討

7.1 預設醫療指示

當病人患上嚴重疾病,甚至漸漸惡化至末期,在其面對死亡時,往往只能接受一些沒有意義的維持生命治療(維生治療),延長的只是死亡過程。面對這情況,病人可以透過訂立一份「預設醫療指示」來撤去這些維生治療。

早在 2002 年,律政司司長及終審法院首席法官指示香港法律改革委員會(後稱法改會)組成小組委員會,研究有關預設醫療指示及其相關法律問題。小組委員會於 2004 年發出諮詢文件,收集各界意見。2006 年,法改會發表報告,提議本港暫時以非立法形式於社會內推動預設醫療指示,當社會已有共識接受這概念時,才考慮是否要立法規管。

在華人社會中,有關死亡的事宜一般是禁忌,不只是訂立遺囑,預設醫療指示也是一樣,很多病人都不會與家人討論是否要訂立指示,因此香港社會亦需要一段較長的時間,才能夠對這樣的概念建立共識。

預設醫療指示和生前預囑

其實要完善地規管預設醫療指示,亦是一件複雜的事情:

不但要確保訂立預設醫療指示者的權益不能被剝削，亦要保障執行預設醫療指示的醫護人員不會誤墮法網。預設醫療指示其實有很多種類，有些只針對某一系列的醫療方案，如拒絕心肺復甦術（DNR 或 DNAR）；[1] 亦有可以拒絕更多醫療程序的預設醫療指示，例如深切治療部的多項醫療方案：插喉（intubation）、呼吸機（ventilator）、洗血／洗腎（renal replacement therapy）等等。在一些西方國家，預設醫療指示及相關的生前預囑（living will）[2] 更可發展成為一款多元化但不針對整理財產的另類遺囑，如可讓死者選擇葬禮的音樂和禮儀等等。

預設醫療指示和生前預囑都可以幫助病人拒絕一些複雜或昂貴的醫療程序。預設醫療指示把病人拒絕的醫療程序列出；而生前預囑則讓病人委任一名代作醫療決定的人，條件是病人認為那人對自己十分熟悉，而那人所作出的醫療決定應該會和自己作出的一樣。生前預囑或者是一件好事，但真的能確保病人與委任人的決定最終相同嗎？預設醫療指示可以將很多病人希望拒絕的醫療程序列出，但若考慮中的醫療程序不在列表中，亦不是被拒絕了的醫療程序，誰能幫病人作最終決定？作為一名病人，哪一樣會較好？最萬無一失的做法，當然是一起訂立預設醫療指示和生前預囑。

1　其他只針對某一系列的醫療方案的預設醫療指示，包括耶和華見證者拒絕輸血的文件，和捐贈器官卡。
2　這是香港法改會關於「醫療上的代作決定及預設醫療指示」的報告書內用的官方詞句。

不論是預設醫療指示或生前預囑,確定訂立者有沒有能力訂立這些法定文件是很重要的,否則那些文件會變成無效。這通常會由醫生作出評估,但不一定要是精神科醫生。若病人改變主意,他可隨時撤回預設醫療指示,而撤回預設醫療指示可以用書面或口頭形式執行,後者會較為方便。當然,在場的醫護人員需要評估病人的能力。

預設醫療指示的爭議

預設醫療指示會不會適用於當前的情況呢?一個已經訂立了預設醫療指示的人,若因觸電或遇溺(若其在公眾泳池出事,當然可以事前通知救生員不用救他),而導致心臟停頓,救護人員應不應該給他進行心肺復甦術呢?有些人會要求救護人員施救,但有些人可能會反對救治。前者會拒絕心肺復甦術,認為預設醫療指示只適用於末期病人因病而死時的心臟停頓,不適用於其他原因發生的心臟停頓。後者則認為心臟停頓的情況應統一處理,既然已有預設醫療指示拒絕心肺復甦術,心臟停頓是如何發生的並不重要,因此不會要求救護人員施救。讀者又會傾向前者還是後者的見解呢?

社會一定需要保護訂立預設醫療指示者的權利。訂立預設醫療指示時的見證人,不應存在任何利益衝突,例如新加坡規定不能要求有購買健康保險或要入住老人院的人士訂立預設醫療指示。

以失去了行為能力的人士為對象進行醫療研究容易陷入「利用病人」的爭議。但醫療研究之重要性，在於發展新的醫療科技，讓醫護人員可更恰當地照顧病人，大前提是如何防止那些參與研究的人士被虐待或利用。若某人於失去行為能力前已熱心參與這類科研，例如是因交通意外而進入深切治療部的年青人，一般人都可以預測他於失去行為能力後，仍會樂意參與醫療研究，但如果沒有這類預設醫療指示或生前預囑，我們可如何為病人作出決定？若望解決這些問題，英格蘭及威爾斯的法改會和蘇格蘭的法改會亦有一些可供參考的建議，令可能參與這類科研的人士能夠加入。

政府推預設醫療指示條例草案

2023 年，政府提交文件至立法會要求修訂預設醫療指示的法律框架，包括使用標準表格以及實施不作心肺復甦術的命令。修訂建議還包括允許末期病人在符合特定條件下，選擇在安老院、殘疾院舍、居所內結束生命，而無需向死因官報告。

根據文件內容，條例草案將明確規定年滿 18 歲且具有精神能力的人可以制定預設醫療指示。一旦制定者失去精神能力並符合指示所列明的疾病條件，將不得施行維持生命的治療。指示制定將按照「慎入易出」的原則進行，病人需要以書面形式訂立預設醫療指示，並需要有至少兩名見證人在場，同時需滿足一些

條件，例如見證人不能是遺產受益人及其中一人必須是註冊醫生。在撤銷指示方面，政府打算容許病人在有精神能力時隨時以口頭、書面或銷毀方式提出撤銷。當解決技術和實際問題後，政府還計劃適時容許病人使用電子表格填寫數碼預設醫療指示。

根據文件，自 2012 年以來，醫管局制定預設醫療指示的病人人數一直在增加，其中包括拒絕接受心肺復甦術的指示，從 2013 年的 325 份增加至 2021 年的 1,742 份。

此外，政府還建議修訂《死因裁判官條例》和《生死登記條例》的相關條文，讓居住在殘疾人士院舍且指明在院舍內結束生命的末期病人更容易作出選擇，減少因院舍需要向當局報告院友離世而將病人送院的情況，從而減少他們不必要的痛苦和治療。政府強調，預設醫療指示與安樂死是完全不同的概念，預設醫療指示下，病人不能拒絕基本護理或緩解治療，也不能要求使用某種物質或藥物終結生命。

慈善團體「毋忘愛」補充說明，當病人病情惡化到無可逆轉，生命去到盡頭，並已失去自決能力，預設醫療指示在以下三種情況下才會被執行，包括不做入侵性治療、不插入飲食喉管、不用呼吸機等：一，病情到了末期，持續惡化及不可逆轉；二，不可逆轉的昏迷狀態，或持續植物人狀態；三，其他不可逆轉、生存受限的晚期疾病，如晚期腎衰竭。

香港生死學協會現任會長梁梓敦先生指出預設醫療指示助家屬免除為病人作出治療決定的痛苦，減少了家人爭吵、感到遺憾及自責的情況。這亦可以令病人放心，知道自己的意願將被執行。預設醫療指示亦可能導致病人及家人意見不一致，若希望病人家屬可以安心接受及減少創傷，梁梓敦先生建議在電視上推廣預設醫療指示，醫院管理局、食物環境衛生署及社會福利署可考慮跨部門合作，提供預設醫療指示到綠色殯葬的綜合殯儀一站式服務。教育工作者應該讓使用者得知資訊來源，因此，可考慮舉辦推廣工作坊及戶外教育活動。

保障醫護人員的必要性

以下情況，醫護人員均需要受法律合理的保護：一，醫護人員不知預設醫療指示已失效，而根據已失效的指示去照顧病人；二，醫護人員不知病人已訂立預設醫療指示，而他們以常規方式照顧病人，因而違反了指示；三，在緊急情況下，醫護人員未能確實預設醫療指示是否有效或適用，善意[3]地保存病人的生命，或善意地阻止病情惡化；四，在轉介了當事人或作出其他恰當安排後的良心抗拒者。

---

3 以法律上的「bona fide」解。

故條例草案同時提供醫治者保障，以免他們因施行維持生命的治療而承擔法律責任。只要醫治者誠實且合理地相信病人已經作出指示，他們不會因為不施救而面臨法律後果。

建議

「毋忘愛」自 2014 年在社區積極推動預設醫療指示，接觸超過 5,000 名香港市民，包括照顧者、病患者，並提供培訓課程予社區私家醫生、機構社工及前線工作人員。同時於 2017 年起，支援在家離世及院舍臨終照顧，至今已支援超過 20 位有需要人士和家庭。「毋忘愛」在原則上支持預設醫療指示立法，另提出以下建議：

- 只需醫生和當事人簽署預設醫療指示，而無需另一見證人。因為醫生負責病人所有重大的決定，例如，手術同意書亦只需當事人簽署。香港人口老化，越來越多獨居長者，要這群長者尋找見證人是一件相當困難的事。「毋忘愛」在過去五年提供超過一百場講座，發現希望簽署預設醫療指示的人當中，有超過六成人士因為未能找到合適的見證人而放棄了計劃，實屬可惜。

- 應容許病人在特殊情況下用口頭更改或取消預設醫療指示。例如接受在緊急情況下，病人向一名註冊醫生提出

口頭撤銷指示,由該註冊醫生確認。但如果病人身體狀況良好而決定撤銷原來有效之書面指示,則必須以書面形式更改才有效。這可避免出現不必要的爭拗。

- 使用同一標準格式的預設醫療指示。使用同一標準格式可減免出現混亂及有誤差的情況,亦方便計劃在社區推行,有利於醫社合作模式。

- 已簽署的預設醫療指示必須上傳至醫健通。這樣能讓私家醫生、非牟利機構及其他社區組織協助政府推行預設醫療指示,並促成公私營在善終服務上的合作。

- 推動預設醫療指示的工作和服務不應只針對病人。根據「毋忘愛」過去五年所見,出席預設醫療指示講座的人士,約有三分一是健康的市民,三分一是照顧者,三分一是病人。很多健康的香港人確切地表達如果自己處於長期昏迷或持續植物人狀態下,會拒絕接受入侵性和延長痛苦的治療,因此他們希望在自己健康狀況良好時簽署預設醫療指示。另一方面,照顧者非常渴望去理解預設醫療指示的內容和當中的意義,同時,照顧者應要尊重病人的選擇以避免延續無效的治療。若預設醫療指示的立法確認需要第二見證人的話,第二見證人亦應該充分理解文件的內容和各項選擇的意義。另外,若大家都認為病人在訂立預設醫療指示前應該和家人進行充分溝

通並告知家人的話，那麼預設醫療指示更應大力推廣至
觸及所有市民，包括健康的人士。

7.2 居處離世

政府計劃修訂《死因裁判官條例》

政府正擬修訂《死因裁判官條例》，以放寬末期病人在院舍離世的規定。不少病人家屬支持這項修訂，認為末期病人應有更多選擇，在他們熟悉的環境中度過最後時光。長遠而言，居處離世措施有助減輕公營醫院機構壓力。

有關法例方面，根據現行《死因裁判官條例》，在家中自然死亡的末期病人無需報告死因裁判官，但居住在安老院舍的病人即使符合條件仍需報告，導致許多院舍將病情惡化的病人送往醫院。條例修訂後，居住在院舍的人士只要被診斷為患有末期疾病、在離世前 14 天內曾接受註冊醫生治療，並由醫生最後確定死因，在這情況下，就無需向死因裁判官報告。

2023 年，香港約有六萬人居住在院舍。一項問卷調查顯示，如果預料到自己將在一年內死亡，58.4% 的受訪長者選擇在家接受晚期照顧，23.7% 選擇留在院舍或善終機構，只有 17% 選擇在醫院度過最後時光。

有末期癌症病人的家屬表示，他們希望為病人選擇留在家中度過最後時光。他們認為熱鬧的環境有利病人心境，比醫院更

好，因為一般醫院的探病時間有限，病人只能睡在冷冰冰的床上；安排病人在家度過最後時光，家屬可輪流提供照顧，並有醫師上門診症和提供醫療支援。病人離世的那天，家屬參與護理過程，為先人塗抹潤膚膏，選擇其喜歡的衣物，並用輪椅將先人送上靈車。家屬希望修訂後的法例能為病人和家屬提供更多選擇，並關注在院舍離世的流程和細節，以及增加政府提供的支援。但目前資訊有限，很難取得在居處離世的相關資訊。

政府規定從 2017 年 9 月起，資助或合約安老院必須設有晚期護理房間，讓臨終的院友能在裏面安詳離世。禮儀師指出，如果院友有較高的隱私空間，離世安排可以效法在家離世的做法。目前在家離世的情況下，家屬會請殯葬禮儀師上門護理遺體，並參與其中。很多時候，家屬一邊細述先人生前情況，一邊為先人抹身或塗抹潤膚膏。類似的告別過程比緊急送院更能讓住在院舍的長者釋懷，減少對死亡的恐懼。

雖然修訂居處離世規定，不可能在短期內改變院舍的做法，但隨著需求增加、公眾對居處離世的認識提高，以及醫院臨終床位的緊張，預計在未來的五至十年內，會有越來越多的院舍願意提供相關服務。但是照顧員面對處理遺體壓力，院舍需要為前線員工提供足夠的在職培訓及支援。與此同時，院舍面對實際操作困難，現時政府政策只容許醫院接受及處理在醫院離世或入院不足 24 小時（意外離世或自殺）的遺體，否則遺體需要在殯儀館私人殮房暫存。對於基層家庭來說，他們需要額外支付一筆

費用。因此,政府可以考慮容許遺體存放在醫院殮房、部分公眾殮房及現有療養院殮房中。

香港政府計劃修訂《死因裁判官條例》的細節

	病人在院舍離世	病人在家離世
現時法例	· 病人在被診斷有末期疾病;或 · 在離世前 14 天內獲得一名註冊醫生診治後於院舍自然死亡。 需要向死因裁判官報告	· 病人在被診斷有末期疾病;或 · 在離世前 14 天內獲得一名註冊醫生診治後於家中自然死亡。 無需向死因裁判官報告
計劃修訂後法例	· 病人在被診斷有末期疾病;或 · 在離世前 14 天內獲得一名註冊醫生診治後於院舍自然死亡; · 並且由一名註冊醫生作出最後診斷及確定死者死於自然。 無需向死因裁判官報告	未有任何修訂

資料來源:《死因裁判官條例》504 章、〈晚期照顧:有關預設醫療指示和病人在居處離世的立法建議〉公眾諮詢文件

建議

「毋忘愛」亦支持政府就病人在居處離世立法，並提出以下建議：

1. 前期工作方面

- 為醫管局醫護人員提供培訓。

- 鼓勵社區私家醫生參與居處離世支援及為其提供培訓。「毋忘愛」過往五年為私家醫生團體和醫院、非牟利社福機構提供的培訓都十分受歡迎。而食物及衛生局於 2019 年才正式為私家醫生進行善終服務培訓，可見現時的社區支援相當匱乏，應儘快推行訓練及支援，刻不容緩。

- 進行廣泛的公眾宣傳及推廣教育，尤其針對照顧者和 50 至 70 歲的人士。

- 醫管局應以醫社合作模式，建立工作平台予非牟利社福機構，為選擇在居處離世者提供資訊、轉介善終服務，不應把資源集中在醫管局。

- 每間安老院舍必須預留一間房間作彌留及安靈寢室，並協助建立支援體系。

- 病人居處離世的意願必須上傳至醫健通，好讓醫護人員尊重和明白病人的需要，協助相關的安排。

- 政府已設有關於海葬、火葬意願的登記平台。建議另設立一個中央登記平台，讓大眾可預先訂立自己的臨終意願。

2. 準備離世支援方面
- 設個案經理處理居處離世的個案。根據「毋忘愛」過往支援居處離世的經驗，富有經驗的個案經理可減少病者及家屬徬徨無助的感覺。

- 政府應提供資源及轉介服務協助家屬照顧居處離世者。

3. 病人在居處離世後
- 預先批核運送遺體許可證（有效期三個月）。

- 容許任何居處離世者於警局申請領取運送遺體許可證。參考現行法律，一般自然死亡個案而須緊急埋葬遺體，如因宗教或其他理由須緊急搬移或埋葬遺體，且不能延至聯合辦事處或生死登記總處的辦公時間才處理的話，申請人可到就近警署辦理。

- 准許遺體存放於公眾殮房、指定醫院殮房及現有療養院殮房。

7.3 安樂死

安樂死的定義和種類

安樂死指刻意結束生命，以減輕病人痛楚或痛苦的行為和措施。一般用於患上無法醫治的長期顯性病症的病人身上，他們因受病痛折磨而對其生理和心理造成極大而接近無法承受的負擔，導致病人和家屬要考慮以死亡結束痛苦。有些人會以為安樂死主要是為幫助末期 [1] 癌症病人減少痛苦，但它亦用於其他病症，尤其是那些患上了腦神經退化的病人，包括閉鎖綜合症、肌肉萎縮症、持續植物人狀態等等。其他末期病人（如心臟病和肺病）和一些嚴重癱瘓病人亦可能會要求安樂死。

安樂死一詞源於希臘語「euthanasia」，有好死的意思。在一些西方國家，安樂死亦可能包括醫護協助自殺（physician assisted suicide，後稱醫助自殺）[2] 和其他要求終止生命的更廣泛定義。安樂死可根據病人意願分類為自願、非自願及不自願安樂死。安樂死亦可根據執行模式分類為主動和被動安樂死。自願安樂死在一些西方國家已成合法或非刑事化。有些西方國家則維持安樂死刑事化，但把醫助自殺非刑事化。

1　少於六個月壽命，或壽命中位數大約兩個月。
2　醫生可以提出的協助，為打算自殺的人處方用作自殺的藥物。

不自願安樂死在一些已把安樂死合法化的國家中，也可能合法進行，尤其是為一些年幼而患有嚴重殘障的嬰孩了結充滿痛苦的生命。若不合乎這些條件，一般會被當作謀殺看待。荷蘭正有一套程序（Groningen Protocol），為這種患有嚴重殘障的年幼嬰孩進行不自願安樂死，以父母的意願做決定。其實以父母的意願做決定，亦可以視為合法監護人的決定，因此也不算作不自願安樂死。

　　安樂死也可分主動和被動。主動安樂死是以某些行動結束病患的生命（例如注射毒藥）。但被動安樂死卻引發一些醫療倫理爭議，有些人士為爭取安樂死被大眾所接受，便把為臨終者移除一些不能逆轉病情的維生治療視為被動安樂死。其實這些不能逆轉病情的維生治療可以被視為沒用的護理，根本不必繼續而應該終止。這不是被動安樂死，而是正確地利用恰當的醫護程序。但若是終止一些未能證明是無用的護理，是醫護蓄意令病人離世的話，這就應該視為被動安樂死。其實為臨終者移除不能逆轉病情的維生治療，也可以在患者同意下進行。在許多西方國家，病人可以在神智清醒時，訂立預設醫療指示，於臨終時拒絕某些醫護程序，讓自己安詳離去。預設醫療指示下，病人亦可以要求一些臨終安寧及善終護理，令其可以舒服地離世。

　　這不表示被動安樂死並不存在。有些執行善終護理的人員會提倡鎮靜甚至麻醉臨終者，令病人在昏迷下辭世。但這其實隱藏了被動安樂死。這些昏迷了的病人不會感到餓或渴，更不能

夠要求進食，往往因缺水和飢餓離世，是真正的被動安樂死。同樣被受爭議的是把進行喉管餵飼的胃喉拔去，令病人因缺水和飢餓離世。這同樣是被動安樂死。斯基亞福（Terri Schiavo）案發生於 2005 年 3 月，這是一宗著名的關於胃喉餵飼的案件，但由於教宗若望保祿二世於案件發生兩日後離世，案件很快便被人淡忘了。斯基亞福因厭食症導致心臟驟停，變成了植物人，一直用胃喉餵飼維持生命。後來她的丈夫聲稱她不會想這樣活下去，便入稟法院要求拔出胃喉，被她的父母反對，雙方因此而對簿公堂。最終經過七年的訴訟，丈夫勝訴，被拔出胃喉的她緩緩死去，更於臨終時不准領受聖體，盡顯美國法院野蠻的一面。有些西方國家會將這種行為當作終止一些不能逆轉病情的醫護程序，但道德上被受爭議。對於一些宗教來說，這是不能接受的。信奉那些宗教的人，亦不能在預設醫療指示下在臨終時拔去胃喉，因為這種喉管餵治已被視為一種常規護理，因此病人即使在臨終時也不能拒絕。

安樂死的好處

（一）每人都應該有權決定可以發生在自己身上的事，這就是自主權。對於無信仰的人士來說（大概是世界上 16% 的人口），他們覺得自己應該可以控制個人生活的一切，包括何時及如何離世。但對於某些信仰而言，這控制權並不屬於個人而屬於神，因此了結自己生命是不能接受的。

（二）死亡並不一定是件壞事。雖然大多數人都把死亡看作是壞事，並用盡千方百計去避免它；其實人們只想活得好，因為只可以活一次而已。但患上絕症的人並不這樣想，因為死亡可終結痛苦，從而帶來解脫。

（三）以功利主義支持安樂死。功利主義是一種後果論，以後果決定行動的對與錯。當病人選擇了安樂死，他未必認為生命全無意義，只是當時的痛苦令他不能繼續用剩餘的時間去做一些對他有意義的事務。

安樂死的壞處

（一）很多國家的人民都信奉那些反對安樂死的宗教，不可違背信仰教條。世界上三大宗教（天主教／基督教、回教及印度教）一般都反對安樂死。

（二）安樂死會全面把人命貶值，因而對其他有關人類生命的範疇帶來負面的影響。除此之外，安樂死或阻礙紓緩治療的發展，因為完善的紓緩治療，將會大幅度減少安樂死的需求。

（三）昂貴的醫療開支會影響病人是否選擇安樂死。這現象偶然在那些已把安樂死合法化的國家出現。同樣地，照顧患上失智症（dementia，俗稱老人痴呆，後以失智症稱之）病人的開

支也很高，幸好暫時只有少數國家會考慮以安樂死解決照顧患上失智症病人的問題。當社會准許了安樂死後，老人家可能覺得自己是家庭的一個負擔，令他們考慮安樂死。

（四）其實要求安樂死可以是求助的一種方法。鄧紹斌（斌仔）於 1991 年因體操意外導致頸部以下癱瘓及無法言語。他在「沙士」期間因防疫措施而變得孤立，因而想以安樂死了結生命。之後他得到多方面的幫助，改變了尋死的念頭。後來他更離開了醫院，在外生活了一段時間，直至 2012 年因急病死亡。

（五）歷史上有實例顯示納粹德國的「Aktion T4」安樂死計劃最終發展成為猶太人大屠殺。

（六）最後還有「滑坡謬誤」。「滑坡謬誤」是指使用一連串的因果推論，經過誇大每個環節的因果強度，而得到不合理的結論。墮胎合法化將帶來安樂死合法化，因而引發一連串把人命貶值的事件，演變成一些不可收拾的後果。但以上第五項的實例，正可提醒大家這種事件是有可能發生的。另一方面，比利時起初只考慮以安樂死協助肉體上痛苦的病人，但久而久之醫護人員都開始考慮以安樂死協助一些精神上痛苦的病人，如擔心失去

互相溝通能力的雙胞兄弟。[3] 荷蘭亦如是。有一個在美國推動醫助自殺的團體，亦協助了一位患上厭食症的病人，以醫助自殺離世。新西蘭亦允許醫護人員為預料不會生還的新冠肺炎病人，或因為其後遺症而受盡折磨的病人，進行安樂死。

在西方國家，有一定支持安樂死的人數，但卻只在少數國家非刑事化。在歐洲，瑞士、荷蘭和比利時是三個較早把安樂死合法化的國家。它們也是世界上僅有可以為非末期病症病人進行安樂死的國家。在美國和澳洲也有部分州份把醫助自殺合法化，但全國政策上，仍維持安樂死是非法的。在這種情況下，有些州會容許其他州的居民前來進行醫助自殺，形成「自殺旅遊」情況。同樣地，瑞士也是歐洲國家中安樂死旅遊的一個目的地，雖然已被比利時取代了其首席地位。

3　比利時的費比森兄弟（Marc and Eddy Verbessem）是一對天生失明的雙胞兄弟，自小相依為命。後來他們發現兩人正在慢慢地失去視力，恐怕不能繼續和對方溝通，在 2013 年，他們要求一起安樂死。

7.4 遺物轉化

　　你我都可能擁有過一些舊首飾或舊物件，容易因其而觸景傷情，或者不合用而被擱置一旁。無論友情、愛情、親情，任何關係都有開始與完結的一天。本地金屬工藝品牌 Playback Concept 推出全新改造計劃「RE: move on」，協助物主收集有故事的舊物進行改造，希望物品可以循不同形態，延續或梳理過去的經歷，繼續陪伴物主度過未來的人生。換言之，創作者角色並不是天馬行空，而是根據物件故事本身而作出回應。「RE: move on」計劃獲選為 PMQ 元創方主辦「deTour 2023」設計節參展單位之一，計劃早前已收集了九件來自公眾的舊物件，經了解故事後，由 Playback Concept 工作室的金工團隊協助設計與改造，完成的作品已於「deTour 2023」登場，向公眾免費展出。

本地金工工作室
Playback Concept

位於中環的工作室為市民提供金工工作坊體驗

創辦人陳寶鋒透露，計劃源自一次替友人改造物件的經歷。友人的爸爸之前突然自殺離世，事前毫無先兆，令其一家人深陷內疚與遺憾的情緒低谷：「他在遺書寫滿留給我們的說話：『要好好生活……』然後呢？沒有了，對他是解脫；對仍然在生的我們，卻是一種創傷，我們沒有機會去回應他。」經社工建議，友人找了一隻她爸爸生前日常佩戴的玉石金戒指，委託陳寶鋒改造，戒指的玉石被拆下製成擺設，陪伴媽媽；戒指一分為二，製成兩隻獨立的戒指，陪伴她和弟弟。

陳寶鋒表示，工作室平日招待的顧客，大多是情侶約會前來製作純銀戒指、未婚夫妻製作訂婚戒指迎接喜慶，或者一班人來鎚敲錫杯喝酒玩樂。直到遇上玉石金戒的委託和落實改造，令他思考更多，繼而啟發他萌生「RE: move on」計劃。他解釋，創作不只是藝術表達，對物主本人也存在特別的意思，尤其是情

感價值。在改造過程中，他發現一些重要的物品例如親人的遺物也可以進行轉化，協助喪親者道別、延續思念，讓在生的人好好「move on」。

計劃亦成功邀請到資深社工、香港生死學協會會長梁梓敦先生擔任顧問，提供專業的情緒哀傷輔導及生死教育知識。梁梓敦先生指出，人感到哀傷是因為曾經在關係中感受過愛，而物品很多時會勾起人過往的快樂回憶，但知道這些回憶不會再發生；或人曾在關係中有過錯失。因此，當失去親友時，會產生觸景傷情、遺憾等感覺。他提到，早前疫情令不少人經歷親友死亡，有些人坦言無法放下哀傷。他認為，處理這些情況，可以想像哀傷是分子，生命是分母。當哀傷無法減輕和縮小時，嘗試接受生命的各種可能性，擴大生命，過後回望會發現傷心只是生命的一小部分，「如果無法放低，就不必放低」，提倡人可以與傷痛共存。他提到「延續連繫」（continuing bonds）的概念，在世者可以繼續與逝者保持心靈上的連繫，物品則會成為關係的延續，遺物轉化正有此效果，類似拜祭、向逝者寫信、繼承逝者的人生觀等，做法亦在哀傷輔導中獲印證成重要的一步。

其實，遺物轉化亦面臨困難及挑戰。陳寶鋒指，死者家屬是否願意將遺物轉化成為一大問題，因為在遺物轉化過程中，或者會破壞先人的物品。例如：若要將衣服變成 cushion 套，需要將衣服剪爛；要將手袋變成銀包，需要將手袋剪爛。因此，死者家屬必須明白物品需要經歷破壞，然後才可以重整。對於死者家屬

而言，他們未必能夠完全接受及做好準備，特別是他們生活在華人社會中，存在忌諱死亡的風氣。所以遺物轉化過程是漫長的，最初接觸死者家屬的時候，要首先了解他們的故事及情緒狀況，然後疏導他們最傷心的情緒。當計劃專責同事與死者家屬交談好幾次後，死者家屬情緒開始穩定下來及開始展現力量尋求新的生活，便可以開始引入遺物轉化概念。因為遺物轉化某程度上代表新的開始，好像整個輔導的歷程，生命因為死亡及哀傷被打破了而重新開始。另一方面，執行上亦存在困難，並非每一件物品都可以取出原材料，再轉化成為另一樣物品，暫時布料、皮革、金屬的轉化可能性比較高。陳寶鋒指，生死教育者可以透過不同方式宣傳遺物轉化，例如：以遺物作為展覽主題、靜觀治療工作坊、報道、講座，以讓更多人認識及作為個案分析的介入手法。

陳寶鋒續指，利用金屬物料改造物件的方法千變萬化，除了加入 3D 打印和攝影等技術，今次計劃更首度邀請 Playback Concept 團隊內的年輕金工師，一起參與改造過程，盼望透過金工創作，回應物主的情感故事：「我們不想單純地表現工藝如何精湛，反而會思考，到底大家希望追求一件物件背後的什麼價值。」陳寶鋒補充，現時面對的主要挑戰為遺物轉化過程漫長，他們要安排專責同事訪問死者家屬，除了讓死者家屬認識遺物改造意義，而且他們亦要用視覺語言或創作理念表達出遺物轉化意義及故事。更重要的是我們團隊未必有專業生死教育知識，以致難於處理死者家屬的波動情緒。

1 金工工作坊可以讓參加者由零開始自製金工首飾或器物
2 參加者可嘗試切割、焊接、打磨、塑形、拋光等金工步驟

「RE: move on」計劃內容：

透過向物主了解目標改造物件背後的故事，加入金工師的創作和設計，重組物件成為新模樣，賦予它們新生命，用不同形態陪伴人們，慢慢找回重新出發的方向。

如何參加「RE: move on」計劃：

1. 於 Instagram DM 查詢（https://www.instagram.com/playbackconcept/）。
2. 物主提交舊物／舊首飾。
3. 分享關於舊物／舊首飾的故事。
4. 金工師根據故事及物主要求去改造舊物。
5. 完成後歸還已改造完成的物件。

舊物改造條件：

1. 舊首飾改造成新首飾或其他新物件。
2. 舊物件改造成新首飾。
3. 改造方式：金屬工藝方法處理。
4. 設計修改次數：三次或以下。
5. 可提交到工作室作重新設計、創作、製造。

「RE: move on」部分展品概覽：

透過故事，鼓勵接受和擁抱過去，將改造完的物件當作人生階段的印證，陪物主走向人生新一頁。

「RE: move on」部分展品

改造前	改造後	物件故事及改造概念
父親遺物：玉石金戒 	作品名稱：Alive（兩隻戒指及一件玉石擺設）  	物主父親生前常戴戒指。戒指本身由嫲嫲的遺物改造而成，相信是他很珍惜的飾物。父親後來自殺離世，事件為家人帶來巨大打擊與創傷，有人自責未能阻止，有人遺憾無法回應自殺者的道別。經社工協助下，物主決定把父親的遺物改造，一分為三，保留全家人與往生者的連結，一直陪伴他們，可以時刻思念父親。
紀念物：純銀情侶手鈪 	作品名稱：Everlasting Legacy（兩隻 BB 鈪） 	物主與丈夫拍拖一週年時，製作了一對純銀情侶手鐲，留下回憶點。情侶後來經歷結婚生子，一起體會到二人身分上的轉換：男女朋友，變成丈夫與妻子，再變成一對小朋友的爸爸媽媽。夫婦有感，愛情的另一層次並非僅僅步入婚姻、攜手到老，當第一次聽到孩子來到世上喊出第一下啼哭聲，二人的愛情結晶品，有著二人的外觀特徵，那份微妙的情感連繫，才是真正的感情升華。

分手物：品牌手鐲

作品：
The Gone Days
（戒指）

專欄作家 Cyrus 與前度曾購下一對品牌情侶手鐲，在上面鑄刻雙方名字，象徵互相擁有。他以為會和她步入婚姻，但女方卻在屢次出軌後說服他進入「開放關係」（open relationship），二人對感情的追求志向不同，最終決定分手。這段感情令他堅定了自己對愛情的看法，也因前度一句說話，改變他的寫作風格，令他明白了創作與戀愛關係皆不能徒具形式，必須注入人的感受，才能真正讓靈魂共振。「凡走過必留下痕跡」，是過去鋪陳成今天獨一無二的自己，他的回憶就恰如手鐲本來的品牌名字：那是一段「昔日的美好時光」。

Playback Concept 介紹

Playback Concept 是香港金屬工藝品牌，一直以時間、自然、流逝等主題推廣金工美學。近年在中環自設工作室，開辦金工首飾工作坊、器物製作體驗等個人與團體活動教學，及提供多款金屬首飾與器物度身訂製。

創辦人陳寶鋒為本地金工藝術家，畢業於香港浸會大學視覺藝術學院。他自 2012 年起以金、銀、銅、錫等金屬作為創作媒介，探索時間、大自然與人的變化。他擅長以物料轉化及機關製作的形式創作，作品涵蓋首飾、器物及裝置藝

陳寶鋒先生

術。陳寶鋒希望將傳統工藝藉設計融入生活，將金工與人們生活聯繫起來，使大眾能在創作及欣賞過程中，體會金工藝術之美。（Playback Concept 網頁：https://www.playbackconcept.com/，地址：中環閣麟街 18 號 4 樓。）

7.5 人生畢業禮

　　永恆之樹成立於 2023 年，為一間致力於推動生命教育的非政府組織，以宣揚及時愛文化為目標，無論是人生的哪個階段，都希望能啟發大家以祝福及感恩的心去看待，為親人留下穿越時空的訊息，宗旨為「以生命作教材，以生活為習作」。永恆之樹一直希望在生命教育上帶出更多訊息，確保大家都能接收到一份祝福與感謝，而非徬徨與無助，特別是能讓離世者的愛和生命力，跨越死亡的限制，讓親友能永留心中、讓前來悼念的親友能安心及釋懷。

永恆之樹進行
生命教育

永恆之樹推廣「及時愛」服務計劃

　　永恆之樹亦設計了生命教育大使培訓課程，生命教育大使基礎培訓內容包括：「及時愛」系列講解、「生前契約」及「人生畢業禮」安排上所需注意事項及其在生命教育上所追求的真正目標，參與的有來自不同機構的社工、聽障人士及社區伙伴。除此之外，永恆之樹更希望能在過程中讓每一位生命教育大使建立一份同理心，甚至能在過程中感染每一位家庭成員，讓家人釋懷之餘，亦能讓他們延續前人的生命力，及時愛惜身邊的人，以生命影響生命。

讓道別變成祝福：喪禮轉化為人生畢業禮

　　人生畢業禮是永恆之樹的項目之一，臨終者可以透過自行策劃一個理想的喪禮，為必然會到來的一天，向親友送上充滿感恩與祝福的道別。「生、老、病、死」為每個人人生必經階段，既然不能改變，能按照自己的個人喜好、宗教信仰及意願早日作

①② 永恆之樹根據臨終者意願協助策劃一個理想的喪禮

出安排，既能減少後人在處理家中成員在告別時的各種擔憂，亦能讓參加者早日釋懷，放下牽掛，迎接未來更精彩的人生旅途。在處理每一位朋友的人生畢業禮時，除了安排不同的宗教儀式及各項細節外，永恆之樹更重視的是如何讓前人的訊息及生命力得以延續，為每一個家庭悉心安排好各項細節。

透過人生畢業禮，與親友集體回憶，各人可分享關於臨終者的故事和回憶。這不僅能夠幫助大家共同緬懷逝去的人，而且可以回顧他們生命中的重要時刻，在對臨終者的緬懷中去表達對生命的珍惜和承諾。建立一個積極和融洽的氛圍，大家可以用積極和樂觀的態度去面對道別和它所帶來的悲傷，重新檢視和評估自己生命中的意義和價值。把喪禮轉化成人生畢業禮，以正確的態度和方法，去看待和面對悲傷和失落，表達感恩和祝福，讓道別從此成為祝福，懷念逝者的同時，也選擇去慶祝生命。

留給最愛的說話：把遺言變成時間錦囊

臨終者可以把遺言變成時間錦囊，送給最愛的親友，讓他們獲得實際紀念和持久的祝福，例如錄製一段影片，表達自己的想法、祝福、感謝和愛意。這便成為臨終者的時間錦囊。臨終者可以設置一個日期和時間，讓家人或朋友開啟時間錦囊。這可以是臨終者的生日、紀念日，或在重要活動或紀念日，以便讓他們觀看影片。在臨終者指定的時間，把時間錦囊交給家人或朋

1 2 臨終者的時間錦囊製作

友，讓他們在需要時開啟，傳遞祝福和愛心。將遺言轉化為時間錦囊，可以讓臨終者的祝福和愛心得到長久紀念，並讓親友能夠感受到臨終者對他們的關心。這也是一個美好的方式來記錄臨終者的價值觀和生命意義，並為家人朋友帶來正能量。

人生畢業禮的禮服

「再生禮服」提供的不單是一種服務，更是一份心意及一份集合不同人士送上的祝福，讓每位舉行人生畢業禮的臨終者，能在感受到大家的心意下向每一位告別。臨終者可以選擇自己喜歡的衣服，將其重新設計，成為人生畢業禮的禮服，邀請合適的設計師，通過他們的設計，以最高標準打造出美麗而經典的禮服，以自己喜歡的款式、顏色、喜好等特點，進行重新設計，讓靈魂能夠在裝扮中永遠存在，每一個設計的元素都是獨一無二、無比純粹和細緻的，讓親友們永遠珍惜逝者的回憶。

參考資料

口述訪問

長洲村民羅良鎮、黃九妹。

書目

長洲華商會：《長洲建墟市二百周年歷史及文化特刊》，香港：長洲華商會，2019。

夏其龍編：《米高與惡龍 —— 十九世紀聖彌額爾墳場與香港社會》，香港：天主教研究中心，2008。

教區天主教墳場委員會：《天使花園設計概念》，香港：天主教研究中心，2018。

陳子安：《殯禮為安 —— 東華三院現代殯儀服務史略（1971–2022）》，香港：東華三院公共服務部，2023。

鄭興：《香港漁民辛酸史：漁閥與馬頸佬》，香港：鄭興，2022。

網頁資料

"American doctors' group approves assisted suicide for woman with eating disorder," Life Site, https://www.lifesitenews.com/news/american-doctors-group-approves-assisted-suicide-for-woman-with-eating-disorder/, accessed April 23, 2024.

"Belgium is Euthanizing People Just Because They Have Mental Health Problems," LifeNews.com, https://www.lifenews.com/2022/01/05/belgium-is-euthanizing-people-justbecause-they-have-mental-health-problems/, accessed April 23, 2024.

Five Wishes, http://www.fivewishes.org, accessed April 22, 2024.

"Marc And Eddy Verbessem, Deaf Belgian Twins, Euthanized After Starting To Turn Blind," HuffPost, https://www.huffpost.com/entry/marc-eddy-verbessem-belgium-euthanasia_n_2472320/amp, accessed April 23, 2024.

Simon Caldwell, "New Zealand okays euthanasia for COVID patients," Catholic Herald, https://catholicherald.co.uk/new-zealand-okays-euthanasia-for-covid-patients/, accessed April 23, 2024.

The Jewish Historical Society of Hong Kong, https://jhshk.org/, accessed April 17, 2024.

"The troubled 29-year-old helped to die by Dutch doctors," BBC News, https://www.bbc.co.uk/news/stories-45117163.amp, accessed April 23, 2024.

MIHK.tv：《伊斯蘭大百科之香港少數民族巡禮 ep11a》，2018 年 8 月 10 日，Youtube 網站，https://www.youtube.com/watch?v=y27_hCY8qJU，2024 年 4 月 17 日瀏覽。

〈沙嶺公墓墳遊　無名孤魂化作無情號碼合葬黃土〉，香港 01，2016 年 4 月 18 日，https://www.hk01.com/article/16931?utm_source=01articlecopy&utm_medium=referral，2024 年 4 月 23 日瀏覽。

〈居處離世年內修例放寬　家屬冀末期病人「有得揀」　禮儀

師：好多人唔想喺醫院走〉，Yahoo 新聞，2023 年 11 月 17

　　日，https://hk.news.yahoo.com/ 居處離世年內修例放寬 -

　　家屬冀末期病人「有得揀」- 禮儀師：好多人唔想喺醫院

　　走 -064746497.html，2024 年 4 月 23 日瀏覽。

〈預設醫療指示周五刊憲　末期病人可拒維生治療〉，on.cc 東

　　網，2023 年 12 月 6 日，https://hk.on.cc/hk/bkn/cnt/

　　news/20231122/bkn-20231122182026668-1122_00822_001.

　　html，2024 年 4 月 23 日瀏覽。

策劃編輯　梁偉基

責任編輯　朱卓詠

書籍設計　陳朗思

插圖繪畫　廖鴻雁

書　　名　身後事：香港殯葬文化探尋

著　　者　梁偉強　劉銳業

出　　版　三聯書店（香港）有限公司

　　　　　香港北角英皇道四九九號北角工業大廈二十樓

香港發行　香港聯合書刊物流有限公司

　　　　　香港新界荃灣德士古道二二〇至二四八號十六樓

印　　刷　美雅印刷製本有限公司

　　　　　香港九龍觀塘榮業街六號四樓 A 室

版　　次　二〇二四年七月香港第一版第一次印刷

　　　　　二〇二四年十一月香港第一版第二次印刷

規　　格　大三十二開（142 × 210 mm）二三二面

國際書號　ISBN 978-962-04-5490-5